Jo Seuß

111 Orte rund um Nürnberg, die man gesehen haben muss

emons:

Bibliografische Information der Deutschen Nationalbibliothek
Die Deutsche Nationalbibliothek verzeichnet diese Publikation in der Deutschen Nationalbibliografie; detaillierte bibliografische Daten sind im Internet über http://dnb.d-nb.de abrufbar.

MIX
Papier | Fördert gute Waldnutzung
FSC® C083411

Layout: Anja Sauerland, nach einem Konzept von Lübbeke | Naumann | Thoben
Kartografie: altancicek.design, www.altancicek.de
Kartenbasisinformationen aus Openstreetmap,
© OpenStreetMap-Mitwirkende, ODbL
Druck und Bindung: CPI – Clausen & Bosse, Leck
Printed in Germany 2023
ISBN 978-3-7408-1730-5

Vorwort

Es muss eine Art mittelalterlicher Urknall gewesen sein, der im 13. Jahrhundert von Nürnberg mit Wucht ausstrahlte. Als Folge entstanden im Umkreis viele kleine Nürnbergs. Mit Burgen, Stadtmauern, Fachwerk und vor allem Tortürmen, weshalb einer das Cover dieses Buches ziert: der Hersbrucker Torturm in Lauf (siehe Ort 59). Eine Nürnberger Straße gibt es in ziemlich allen Ortschaften rund um Nürnberg – ob in Altdorf, Cadolzburg, Schwabach oder Zirndorf. Das spricht für eine Verbindung, die im Spiel der Kräfte erhalten geblieben ist. Nicht umsonst spricht man vom Ballungsraum Nürnberg, der dicke Pendlerströme erzeugt und sich im etwas aufgeblähten Konstrukt der Metropolregion Nürnberg manifestiert. Ringsum hat sich im Laufe der Zeit ein mittelfränkischer Speckgürtel gebildet, der viel zu bieten hat. Kreative Köpfe haben Bleistifte in Stein, Blattgold in Schwabach, Turmuhren in Gräfenberg, Fußballschuhe in Herzogenaurach und das beste Bier der Welt entwickelt, an dem auch kleine Brauereien wie in Leinburg und Ammerndorf weiterfeilen. Deshalb gehören sie ebenso zu den »111 Orten rund um Nürnberg, die man gesehen haben muss« wie Naturspektakel, Sportskanonen, Kunststücke, der Ritter Wirnt von Gräfenberg, die legendäre Kartel-Akademie in Weinzierlein oder der Moritzberg-Turm, der fast eine Walhalla geworden wäre. Die Spuren der Katastrophen des Dreißigjährigen Kriegs und der NS-Zeit müssen sein, damit sie nicht vergessen werden. Bei der Auswahl der Orte sind Fürth und Erlangen weniger zahlreich vertreten, weil es ein eigenes Buch darüber gibt. Gleiches gilt für das Fränkische Seenland und die Fränkische Schweiz. Dieses Buch will ein Stadt-Ver-Führer für neugierige Einheimische und mutige Touristen sein, die Lust auf Entdeckungen und individuelle Streifzüge haben. Am besten umweltfreundlich mit dem Fahrrad und/oder öffentlichen Verkehrsmitteln. Viel Vergnügen!

Jo Seuß

111 Orte

1 Der Goldene Ochse

Heimat der Bier-Rebellen

Für bierfidele Altdorfer war es ein herber Schlag, als 1997 das alte Brauhaus gegenüber der Grundschule geschlossen und das traditionelle Helle fortan in Neumarkt im Hause Glossner gebraut wurde. Es rumorte lange, dann köchelte 2011 in einem ausrangierten Wurstkessel der erste Biersud. Die Rückmeldungen waren gut, die Gründung des Altdorfer Brauvereins, bei dem der in Weihenstephan ausgebildete Diplom-Braumeister Frank Metzler als erster Vorsitzender fungiert, folgte aber erst im Dezember 2018.

Der Zweck des Vereins lautet: »Die historische Altdorfer Brau- und Bierkultur, das Brauhandwerk, die Brautradition in nicht kommerzieller Weise zu fördern. Ziel ist es, die Akzeptanz für selbst gebrautes, regionales Bier zu fördern.« Das gelang bald so gut, dass der Privatkeller zu klein war. Der Verein brauchte mehr Platz für die Kleinbrauerei und eine richtige Heimat. Fündig wurde man beim Goldenen Ochsen am Unteren Markt, einem alten Wirtshaus mit Brauvergangenheit. Seit Mai 2021 werden hier im Schnitt 500 Liter im Monat hergestellt. Helles, Pils, Weihnachtsbock, Stout, Spring Ale sind im Sortiment – und ein Rotbier, bei dem die Altdorfer Bier-Rebellen mit den Gostenhofer Gerstensaft-Desperados von Schanzenbräu kooperieren.

Der Goldene Ochse glänzt jedenfalls wieder blitzblank poliert draußen vor der Tür in luftiger Höhe. Keine Speisekarte, sondern die Philosophie des Brauvereins hängt im Glaskasten, und bei Veranstaltungen ist Musik angesagt. Ansonsten achtet man auf Heimatverbundenheit und verwendet Hopfen aus dem einheimischen Burgermeistersgarten, der eine krauterige Note besitzt. Beim Weihnachtsmarkt wird wöchentlich ein anderes Bier frisch in Literflaschen abgefüllt, hopfige Spezialprodukte wie Bierlikör, Biersenf und Bieressig werden auch angeboten. Und wenn im Jahr 2025 wieder die Wallenstein-Festspiele anstehen, gibt es natürlich ein Festspielbier.

Adresse Unterer Markt 16, 90518 Altdorf, www.altdorfer-brauverein.de | ÖPNV S2, Haltestelle Altdorf | Öffnungszeiten unregelmäßig für Stammtische, Brautage, Konzerte und andere Veranstaltungen geöffnet, Infos unter www.brauverein-schwabach.de/events | Tipp Neben dem Altdorfer Brauverein gibt es auch den Brauhaus Altdorf e. V., der Konzerte im Brauhausgewölbe in der Hagenhausener Straße 6 und Open-Air-Veranstaltungen organisiert. Kultstatus genießt dabei das »Oxx meets Esel«-Festival in der Weihnachtszeit. Die zwei Vereine sind sich übrigens wohlgesonnen.

2 Das Leibniz-Denkmal

Das Universalgenie war hier!

Bei Leibniz denken viele zuerst an den Butterkeks für unterwegs in der gelben Verpackung, der 1891 in Hannover erfunden wurde. Der Name, den die spätere Backfabrik Bahlsen wählte, hatte mit Gottfried Wilhelm Leibniz zu tun, der als eines der großen Universalgenies dieses Planeten gilt. Er wurde 1646 in Leipzig geboren und starb 1716 – genau: in Hannover. Dort hatte der Philosoph, Mathematiker, Jurist, Physiker, Historiker, Politberater und große Briefeschreiber, dessen Nachlass seit 2007 zum UNESCO-Weltkulturerbe zählt, seine letzten 40 Jahre verbracht. Kein Wunder, dass dort auch die Universität, die Akademie, die Bibliothek und ein Forscherpreis nach ihm benannt sind.

In Altdorf sind es nur das Gymnasium und eine Straße, was aber auch seinen Grund hat: Leibniz promovierte 1666/67 in Rechtswissenschaften am Aldorfinum, weil man ihn in Leipzig für zu jung hielt. Seine Doktorarbeit »De casibus perplexis in jure« beschäftigte sich mit obskuren Fällen, deren Lösungen nicht so leicht aus den Gesetzen abgeleitet werden können. Klingt spannend.

Eine Professur lehnte Leibniz aber ab und zog über Mainz und Paris hinaus in die Welt. In Altdorf ist man ihm nicht (mehr) böse, dass es beim Intermezzo für den Doktortitel blieb. Am Unteren Markt steht seit Oktober 2016 ein schlichtes, aber subtil konzipiertes Denkmal, das der Künstler Michael Königer gestaltet und der Lions Club Altdorf gestiftet hat.

Auf drei hintereinanderstehenden Stelen sind neben dem Promotionstitel ein paar Meilensteine seiner Geistesarbeit wie Monadentheorie und Infinitesimalrechnung sowie Schlagworte seiner Forschungsfelder inklusive Paläontologie, Linguistik und Religion zu lesen. Der runde Durchbruch der Steine weist zum einstigen Universitätsgebäude, verziert mit einem Zahnrad, das zur ersten binären Rechenmaschine gehörte, die Leibniz erfand – und die auf die digitale Welt von heute ausstrahlt.

Adresse an der Schnittstelle von Oberem und Unterem Markt, 90518 Altdorf | ÖPNV S2, Haltestelle Altdorf | Tipp Vom Leibniz-Denkmal kommt man über die Collegienstraße zum Wichernhaus, in dem bis 1809 die in Altdorf ansässige Universität der Reichsstadt Nürnberg untergebracht war. 1925 wurde das Anwesen verkauft und umgebaut, es wird bis heute als Sonderpädagogisches Förderzentrum für Menschen mit Behinderung unter Leitung der Rummelsberger Diakonie genutzt – im Hof finden alle drei Jahre die Wallenstein-Festspiele statt.

3 Das Universitätsmuseum

Vergangenheitsbewältigung

Es verwundert bis heute, dass Altdorf 187 Jahre lang Universitätsstadt war – und nicht Nürnberg. Das hatte schlicht damit zu tun, dass Altdorf von 1504 bis 1806 zur Freien Reichsstadt Nürnberg gehörte. Deshalb entstand dort in der Silbergasse 1575 ein stattliches Gymnasium im Renaissancestil primär für Kinder von betuchten Nürnberger Aristokratenfamilien. Es wurde 1581 in eine Hochschule und 1622 in eine Universität umgewandelt, die europaweit einen durchaus guten Ruf genoss. 1809 ließ sie der bayerische König aber aus finanziellen Gründen schließen. Die Altdorfer Schätze gingen an die 1744 gegründete Friedrich-Alexander-Universität in Erlangen.

Die Uni-Vergangenheit hat Altdorf aber nie ganz losgelassen. So feiern Betriebswirtschaftler bis heute in den historischen Mauern der Alma Mater, die seit 1925 als Wichernhaus für Menschen mit Behinderung genutzt wird. Nicht weit entfernt erfüllte sich 1997 im Gebäude der alten Uni-Druckerei der Wunsch nach einem Universitätsmuseum.

Im Erdgeschoss knüpfen Fossilien thematisch an das legendäre einstige Naturalienkabinett an, mit Platten aus Altdorfer Marmor voller Amoniten und der Versteinerung eines Saurierbabys. Das »Doktorsgärtla« erinnert im Hinterhof mit über 200 Pflanzenarten an die Blütezeit der Botanischen Fakultät. Und im oberen Stockwerk dokumentieren Bilder, Schriften, Buchtitel, Medaillen und historische Exponate das universitäre Leben von damals, inklusive großer wissenschaftlicher Leistungen nicht nur von Leibniz.

Das leicht gruselige Theatrum Anatomicum und der feine kartografische Messtisch sind ebenso sehenswert wie der Karzer. Der spätere Feldherr Albrecht von Wallenstein, einer der berühmtesten Studenten, saß dort wegen rüpelhaften Verhaltens. Ungeachtet dessen wurden 1894 die Wallenstein-Festspiele gegründet, die in Altdorf Kultstatus genießen. Auch eine Form von Vergangenheitsbewältigung.

Adresse Neubaugasse 5, 90518 Altdorf | ÖPNV S2, Haltestelle Altdorf | Öffnungszeiten Sa, So 14–17 Uhr und nach Vereinbarung über das Kulturamt unter Tel. 09187/954540 | Tipp Rund 100 Meter entfernt befindet sich das 1558 erbaute Schloss, das früher von der Justiz genutzt wurde und von 1945 bis 1965 als Landratsamt diente. Seit 1972 residiert darin die Polizei. Davor steht das Wallenstein-Denkmal, dessen Modell im Universitätsmuseum gezeigt wird.

4 Die Privatbrauerei Ammerndorfer Bier

Wo Frauen das Bier voranbringen

»Gutes Bier braucht Zeit.« Dieser Satz steht im Brauereihof in goldenen Buchstaben oben an der Wand des Gär- und Lagerkellers. Er ist das Credo der guten alten Bierbrauer, denen Qualität vor Quantität geht. Insofern eine klare Ansage, passend angereichert mit »Brautradition seit 1730« und dem alten Zifferblatt des Kirchturms. Seit zehn Generationen wird in Ammerndorf auf dem Grundstück am Marktplatz Gerstensaft nach dem Bayerischen Reinheitsgebot von 1516 gebraut.

Seit 1855 ist die Braustätte im Besitz der Familie Dorn-Murmann, die eine Besonderheit auszeichnet: Ihre Zukunft liegt in Frauenhänden, seitdem Vater Helmut seine Töchter Christine Murmann und Claudia Behounek-Murmann 2013 in die Geschäftsführung aufnahm. Beide haben Betriebswirtschaft studiert und den Braumeisterbrief. Von klein auf sind die Schwestern in die Brauerei hineingewachsen.

Im Betrieb mit sieben langjährigen Mitarbeitern haben sie sich schnell Respekt erworben, ebenso im männlich dominierten Verband privater Brauereien. Dass es im Büro eine Spielecke für Christines Kinder gibt, ist ein Stück Normalität, die einfach dazugehört.

2014/15 wurde ein neues computergesteuertes Sudhaus mit Edelstahlkesseln eingepasst. Elf Sorten werden hier gebraut, 14.000 Hektoliter insgesamt im Jahr, abgefüllt in Fässern und Flaschen. Und das Helle ist am beliebtesten. »Schmeggd nach Heimat – fränggisch, goud«, so lautet der Slogan mit Blick auf regionale Erzeugnisse bei Hopfen, Gerste, Wasser und Malz.

In der hauseigenen »Getränke-Quelle« im Brauereihof bekommt man auch nichtalkoholische Getränke, ab Frühjahr 2023 werden Brauereiseminare für Gruppen im Minisudhaus angeboten. Im Oktober gibt es wieder die alljährliche Bockbiernacht, das nächste große Brauereifest findet aber erst im August 2025 statt.

Adresse Marktplatz 1–2, 90614 Ammerndorf | ÖPNV S4, Haltestelle Roßtal, dann Bus 114, Haltestelle Ammerndorfer Hauptstraße | Öffnungszeiten April–Sept. Mo–Fr 8–12 und 13–18 Uhr, Sa 8–12 Uhr, Okt.–März 9–12 Uhr, Infos unter www.ammerndorfer-bier.de; Führungen unter Tel. 09127/57544 vereinbar | Tipp In und um Ammerndorf gibt es vier themenbezogene Kunst- und Naturpfade, die man zu Fuß und mit dem Fahrrad erkunden kann (www.hgv-ammerndorf.de).

5 Der Wolfgangshof

Begehrtes Gut

Das alte, fächerartige Windrad sieht man von Weitem. Es ist das Markenzeichen des Wolfgangshofs, der seit 1902 etwas oberhalb von Anwanden liegt. 1883/84 erwarb der Steiner Bleistiftfabrikant Lothar von Faber dafür 60 Hektar Land, bis 1890 kaufte er weitere Wiesen und Felder dazu und ließ dann das Gut errichten, das für die damalige Zeit sehr fortschrittlich war. Durch Windkraft wurde Strom erzeugt und die Bewässerung angetrieben, mit Milchkühen, Schweinen, Obstbäumen, Getreide- und Kartoffelanbau lief Landwirtschaft im größeren Stil.

Der Wolfgangshof, benannt nach dem ältesten und früh verstorbenen Sohn von Graf Alexander und Gräfin Ottilie von Faber-Castell, diente auch zur Versorgung der Beschäftigten in der Graphitmine. 1967 endete die Milchwirtschaft, dafür stieg man in die Zucht von Bayerischen Warmblütern ein. 1994 folgte der große Einschnitt: Alle landwirtschaftlichen Flächen wurden verpachtet, die ziegelroten Gebäude im historisierenden Jugendstil, die feines Fachwerk, Walmdächer und wohlgesetzte Türmchen besitzen, verwandelte man in einen Veranstaltungsort für Feiern, Events und größere Feste.

Das denkmalgeschützte Anwesen mit seinen drei parallel angeordneten, lang gestreckten Wirtschafts- und Stallgebäuden blieb in seiner Struktur erhalten, die Kuh-, Pferde- und Schweineställe strahlen den Charme des Urwüchsig-Rustikalen aus – sehr beliebt bei Hochzeitsgesellschaften. Nach der Coronakrise ist der Wolfgangshof wieder begehrt und an Wochenenden über ein Jahr im Voraus ausgebucht.

Besonders turbulent geht es zwischen den ehrwürdigen Mauern bei der »Frühjahrslust« im April und der »Grünen Lust« im September zu, die Hubert Rottner als familienfreundliche Messen konzipiert hat. Bioprodukte, nachhaltiges Denken und alternativer Kommerz harmonieren mit bildender Kunst und frechen Kinderliedern. Und das alte Windrad dreht sich dazu.

Adresse Weitersdorfer Straße 22, 90513 Zirndorf-Anwanden, www.wolfgangshof.info | ÖPNV S4, Haltestelle Anwanden; Bus 151, Haltestelle Anwanden Faber-Castell-Straße | Tipp Ein ganz eigenes Flair besitzt der Kulturpalast Anwanden, der seit 1999 vom gleichnamigen Verein im Wolfgangshof veranstaltet wird. Nach Personalwechseln muss sich zeigen, ob der viertägige Kultur-Reigen eine Zukunft hat – 2022 wurde er kurzfristig abgesagt, weil zu wenige Tickets verkauft worden waren.

6 Die Schleuse 35

Schnittstelle am Alten Kanal

Bei der Schleuse 35 hat man die Qual der Wahl. Man kann weitergehen oder -radeln, man kann den Alten Kanal bei Kilometer 86,375 in Richtung Mimberg, Grünsberg, Etzelsdorf oder Bahnhof Burgthann verlassen. Oder man entscheidet sich für eine Pause, was sich an warmen Sommertagen schon allein deshalb anbietet, weil die Gaststätte im ehemaligen Schleusenhaus einen schattigen Biergarten mit 160 Plätzen besitzt. Falls es regnet, warten innen immerhin 25 Sitzplätze.

Auf der Karte stehen neben Gegrilltem und Kartoffelsalat, Rettich und Käse, Kaffee und Kuchen auch Burger und drei fränkische Biere frisch vom Fass. Da lohnt sich die Einkehr quasi zu jeder Tageszeit. Zwei E-Bike-Ladestationen hat das »Schleuse 35«-Team zudem installiert, und für Selbstversorger gibt es direkt neben der Schleuse zwei Sitzbänke mit einem Tisch, aufgestellt vom Wasserwirtschaftsamt, das sich um den Alten Kanal, Bayerns mit Abstand längstes Denkmal, vorbildlich kümmert.

An vielen Stellen findet man Infotafeln am Ufer. Wer aber geballt Historisches erfahren will, sollte die Auszeit an der Schleuse 35 um eine gute Stunde verlängern und einen Abstecher zum Museum Burg Thann in der Burgstraße 1 machen, wo abseits einer Burgthanner Zeitreise dem Alten Kanal eine Extraausstellung gewidmet ist.

Schautafeln erzählen viel über die Wasserstraße, die ab 1840 gegraben wurde und ursprünglich 100 Schleusen besaß, um den Höhenunterschied auf 172,4 Kilometer Länge zwischen Bamberg und Kelheim auszugleichen. Liebevoll gestaltet ist das Schleusen-Modell mit einer typischen Kammer, die rund 34 Meter lang und 5 Meter breit war und eine Fallhöhe von gut 2 Metern hatte. Natürlich spielt auch das Treideln, wie das Ziehen von Schiffen mit Hilfe von Pferden heißt, eine wichtige Rolle. Zweimal im Jahr kann man es in der Nähe live erleben. Das Boot »Elfriede« ist dann zwischen den Schleusen 25 und 33 unterwegs.

Adresse Am Kanal 35, 90559 Burgthann-Rübleinshof | **ÖPNV** S3, Haltestelle Burgthann | **Öffnungszeiten** Biergarten: April–Ende Sept. ab 10 Uhr, Tel. 09183/901466; Ausstellung: jeden 1. So im Monat 13.30–17 Uhr; Führungen unter Tel. 09187/41805 vereinbar | **Tipp** Am Alten Kanal lohnt sich eine Wander- oder Radtour von der Schleuse 35 über rund 12 Kilometer nach Berg, wo zwischen 2003 und 2011 sechs Skulpturen am Ufer aufgestellt wurden – die Motive reichen von großen Kugeln aus Eisen über eine Himmelsleiter aus Granit bis zu einem Kraftfeld aus Eichenhölzern.

7 Der Aussichtsturm

Bleistift mit Rundumblick

Es muss eine Augenweide gewesen sein, als der Aussichtsturm 1893 fertig war. Da stand er noch inmitten von Kirschbäumen. Wenn im April rundherum die Blüten weiß bis rosa leuchteten, war das ein traumhafter Anblick. Romantik pur, aber lange her. Die Obstwiesen sind Schritt für Schritt Bauland geworden und brachten ein weit weniger schönes Häusermeer. Schade.

Trotzdem lohnt sich der Besuch des »Bleistifts«, wie das schlanke Bauwerk wegen seiner Form mit der spitzen Dachhaube im Volksmund heißt. Schon von der ersten Plattform mit Balkonen in 18 Metern, aber noch mehr von der zweiten mit einer Überdachung in 25 Meter Höhe hat man einen grandiosen Rundumblick auf Cadolzburg und den umliegenden Rangau. Die 143 Stufen bis nach ganz oben lohnen sich also unbedingt.

Vor 130 Jahren finanzierten die Gemeinde und die Lokalbahn-AG München den Turm gemeinsam. Das hatte damit zu tun, dass der Bahnhof der Rangaubahn nicht weit entfernt war und der Aussichtsturm das Zeug zum Ausflugsziel am Sonntag hatte. So ähnlich wird er im Prinzip heute noch eingeschätzt. Deshalb hat die Gemeinde die Zeit der Corona-Beschränkungen genutzt, um den Turm 2021 samt Mauerwerk und hölzernem Treppenhaus zu sanieren. Den Einsatz für den Denkmalschutz belohnte das Bayerische Staatsministerium für Wissenschaft und Kunst 2022 mit einer Medaille plus Urkunde und Zuschüssen.

Da im Herbst 2022 noch die Grünfläche des unten quadratischen und oben achteckigen Turms aufgemöbelt wurde, ist er jetzt für die nächsten Jahre gewappnet. Eine tierische Attraktion gibt es zudem an der Spitze: Seit 2016 nisten Turmfalken mit schwarz-weißem Federkleid, was einen Beitrag zum Erhalt der bedrohten Vogelart bedeutet und dank einer zweiten Webcam online verfolgt werden kann. Kleiner Nachteil: In der heißen Phase von Brut und Aufzucht bleibt der Aussichtsturm geschlossen.

Adresse Brandstätterstraße 50, 90556 Cadolzburg | **ÖPNV** RB11, Haltestelle Cadolzburg | **Öffnungszeiten** täglich 8–18 Uhr; Eintritt gegen eine kleine Spende | **Tipp** Wer vom Aussichtsturm in die Altstadt geht, muss durch das mittelalterliche Stadttor am oberen Marktplatz gehen, das bei den Einheimischen »Brusela« genannt wird – der Spitzname hat damit zu tun, dass die Turmuhr früher ständig nachging, sie »bruselte«.

8__Der Burggarten

Kräuter pflücken erlaubt

Er war einmal ein barocker Lustgarten, wie eine Zeichnung von 1629 belegt. Heute besitzt der Burggarten kein reizendes Wegesystem mit verflochtenen Hecken, verführerischen Früchten und neckischen Nymphen mehr. Er dient in erster Linie als Nutzgarten – wie zur Zeit des Mittelalters. Diese Ausrichtung zielt stark auf Schulklassen und Ferienprogramme, passt aber nicht minder für individuelle Streifzüge durch das Reich von Kräutern, Getreide, Gemüse und einen bunt blühenden Blumenmix.

Friedrich Knoll, der sich auch um die Gärten der Kaiserburg in Nürnberg und die der Festung Rothenberg bei Schnaittach kümmert, ist der Herr des Cadolzburger Burggartens. Nach ersten Ideensammlungen und Versuchen ab 2007 folgte 2017 die historisch orientierte Aufgliederung des rund 2.000 Quadratmeter großen Areals. Zur Burg hin liegen Beete für Urgetreide inklusive Weizen, Gerste, Hafer und Hirse, für Arzneipflanzen wie Salbei, Pfefferminze oder die Römische Kamille sowie für mittelalterliche Nutzpflanzen, zu denen Stangenbohnen, Spinat, Schwarzer Senf und Butterkohl ebenso gehören wie diverse Obstbäume.

Im hinteren Bereich gedeihen Blumenwiesen, flankiert von Bienenkörben aus Getreide. Links außen sind die Kräuter daheim. Zwischen Wildem Basilikum und Rosmarin trifft man auf Kapuzinerkresse und Koriander. Das Mitnehmen von ein paar Stängeln ist laut Knoll ausdrücklich erlaubt. Jedes Jahr kommt eine neue Attraktion dazu. Das kann ein Weideniglu sein oder eine Erdhöhle, in der Getreide wie vor 500 Jahren gelagert wird. Ein sinnlicher Rundgang, der speziell für die Nase einiges zu bieten hat.

Verbinden lässt sich die Visite des Burggartens prima mit einem Abstecher zur Pferdeschwemme, wie die Waschanlage für den mittelalterlichen Fuhrpark rechts neben der Gartenmauer genannt wird. Sie wurde im Zuge der Burgsanierung restauriert und wie die Vorburg wieder originalgetreu hergestellt.

Adresse Burghof 3, 90556 Cadolzburg, www.burg-cadolzburg.de | ÖPNV RB11, Haltestelle Cadolzburg, dann Bus 118, 126, Haltestelle Cadolzburg Burg | Öffnungszeiten ganzjährig rund um die Uhr, bei Glatteis und Schnee Zugang zur Vorburg über Nacht gesperrt; Kontakt zur Museumspädagogik unter Tel. 09103/70086-21 oder -22 | Tipp Nicht weit vom Burggarten entfernt befindet sich in der Greimersdorfer Straße 26 das Pisendelhaus, das Geburtshaus des berühmten Geigenvirtuosen und Konzertmeisters Johann Georg Pisendel (1687–1755). Die 1991 gegründete Cadolzburger Pisendel-Gesellschaft veranstaltet Konzerte in der Cadolzburg und an anderen stimmungsvollen Orten.

9 Das Café Feingemacht

Nomen est omen

»Schön, dass du da bist«, das ist in handgeschriebenen Buchstaben und mit einem Herzchen verziert auf der Glasscheibe zu lesen. Da fühlt man sich doch gleich willkommen, wenn man vor dem alten Sandsteinhaus mit den hellblauen Fensterläden steht. Durch eine Tafel erfährt man, dass hier ein gewisser Friedrich Emanuel Schmidt wohnte, der von 1876 bis 1886 Bürgermeister von Cadolzburg war und zudem als Lokalbotaniker »uneigennützig und belesen die heimische Pflanzenwelt erforschte«.

Das klingt nach einem Feingeist, was gut zum Café Feingemacht passt, das im Februar 2020 eröffnet wurde. Zu einem denkbar ungünstigen Zeitpunkt, denn einen Monat später veränderte das Coronavirus alles. »Man muss es so nehmen, wie es ist«, findet Alexandra Sager – und das bedeutete, dass sie Frühstücksboxen zum Abholen anbot und Auftragstorten für Hochzeiten backte. So kam die Geschäftsfrau, die früher mal bei Ikea in Frankfurt tätig war, einigermaßen über die Runden, bis sie ihr kleines Café für 15 bis 20 Personen wieder aufmachen konnte.

Auf Sophie, Annabell, Mara, Kimi, Jenni, Rune sowie Anni & Emil hören die sieben Frühstücksangebote, die bis 13 Uhr serviert werden. Lena, Rasika und Franz heißen die *panini*, die es ganztags gibt. Frisch gebackene Kuchen runden das Essensangebot ab, das aus Platzgründen klein gehalten wird. Helle Farben, warme Pastelltöne, indirekte Beleuchtung und bequemes Sitzmobiliar an der Theke wie an den Tischen sorgen für ein Wohlfühlambiente, das dank der liebevoll gemachten Spielecke das Prädikat »kinderfreundlich« verdient hat.

An den Feinheiten hat Alexandra Sager mit ihrem Mann, der Zimmerermeister von Beruf ist, monatelang gefeilt. Und am Gesamtkonzept. So gibt es auch kreative Workshops und Baby-Partys; schöne Sachen aus der Region für daheim oder zum Verschenken findet man ebenso. Alles fein gemacht, versteht sich. Wie sagt man: Nomen est omen.

Adresse Marktplatz 2, 90556 Cadolzburg | **ÖPNV** RB11, Haltestelle Cadolzburg, dann Bus 118, 126, Haltestelle Cadolzburg Burg | **Öffnungszeiten** Do–So 10–17 Uhr, Vorbestellung über Tel. 0176/52512734 | **Tipp** Nicht nur an heißen Tagen ist das Eiscafé Loisl's am Marktplatz 17 schräg gegenüber einen Besuch wert. Das original italienische Eis kann man im lauschigen Garten unter Schattenspendern genießen. Im Angebot sind auch ausgefallene Sorten wie Mandel-Pinie und Kaugummi.

10_Die Kirche St. Otto

Auf neue Gedanken gekommen

Es ist ein Kreuz mit den Kirchen, die in die Jahre gekommen sind. Und bei denen Pfarrer wie Gemeinde das Gefühl haben, dass nicht nur Elektrik und Heizung zu erneuern sind, sondern noch mehr verändert werden müsste. Nur was? Bei der 1957 geweihten katholischen Kirche St. Otto entschied man sich für eine einschneidende Operation im Inneren, die von Mai bis November 2021 durchgeführt wurde und 920.000 Euro gekostet hat. Für die Umwandlung in ein helles, einladendes, kommunikatives und spannenderes Gotteshaus wandte sich Pfarrer André Hermany an den Nürnberger Architekten Günther Dechant, der schon mehrfach in und um Nürnberg gezeigt hatte, wie gelungene Modernisierungen von sakralen Räumen aussehen können.

In Cadolzburg brauchte es vier Entwürfe, bis die Lösung gefunden war, die alle Beteiligten überzeugte. Den Hebel setzte Dechant an mehreren Stellen an, entscheidend war die optische Verkleinerung des Kirchenschiffes, indem der neu gestaltete Altar in die Mitte rückte, während man eine Wand zum Chorraum einzog und mit einer Öffnung in Form einer Halbellipse versah. Davor steht nun ein großes, leuchtendes Glaskreuz, das ein feiner Metallvorhang einfasst.

Im Kirchenraum wurde die frontale Ausrichtung der Bänke teilweise aufgelöst. Je zwei Reihen stehen sich vorn an den Seiten gegenüber, die Zahl der festen Sitzplätze wurde von 300 auf 156 verringert. Durch das Weiß an den Wänden, das Hellgrau des mit Fußbodenheizung ausgestatteten Bodens und mehr LED-Lampen ist es deutlich heller geworden in St. Otto. Und hinter dem Bogen befindet sich ein eigener Raum mit dem Taufbecken, umgeben von 14 Chorstühlen, einem Kreuzweg und einem Wandrelief. Während die Geistlichen eine neue Sakristei mit separatem Zugang an der rechten Seite erhielten, hat Dechant auch das Foyer grundlegend verändert: Es lädt jetzt ein zum Gespräch – über die Kirche und das schöne neue Glaskreuz.

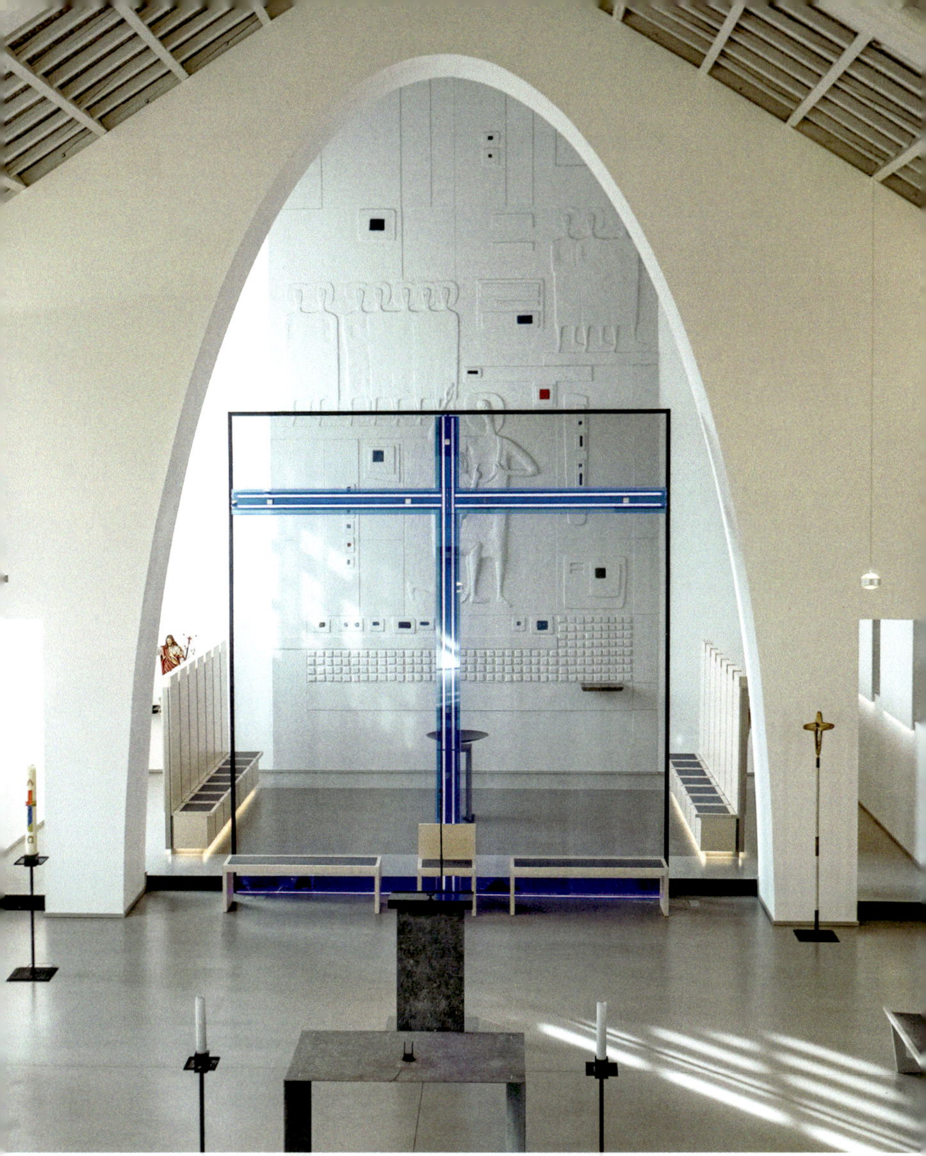

Adresse Pleikershofer Straße 12, 90556 Cadolzburg | **ÖPNV** R11, Haltestelle Cadolzburg, dann Bus 136, 152, Haltestelle Cadolzburg Aussichtsturm | **Öffnungszeiten** Mo–Fr 10–18 Uhr, Sa und So zu Gottesdienstzeiten, Kontakt zum Pfarrbüro unter Tel. 09103/797359 | **Tipp** Die katholische Kirche St. Johannes in Oberasbach-Kreutles wurde 2019 ebenfalls nach Plänen von Günther Dechant umgestaltet. Durch kreative Veränderungen im Altar- und Kirchenraum und den gezielten Einsatz von Licht und Kirchenkunst ist das Gotteshaus zu einer neuen Attraktion geworden, die auch wieder mehr Gottesdienstbesucher anzieht (Kontakt unter Tel. 0911/692569).

11 Das Neue Schloss

Hörend auf Spurensuche

Es lag völlig in Trümmern, weil die Nazis im April 1945 partout nicht aufgeben wollten. Im Neuen Schloss verschanzten sich die letzten Verbliebenen hinter den dicken Mauern einer braunen Hochburg, die zugleich ein Schulungszentrum der Hitlerjugend gewesen war. Ein schrecklicher Fehler. US-Bomber legten nicht nur diesen Teil Cadolzburgs in Schutt und Asche. Lange blieb fraglich, was damit passieren sollte. Im Zuge der Generalsanierung entschied man sich für einen treffenden, ausgesprochen sehens- wie hörenswerten »Abgesang« in den nackten, unverputzten Schlossmauern.

Als Nummer 23 im seit 2017 bestehenden Ausstellungskonzept »Erlebnis Cadolzburg« ist das Neue Schloss ein durchaus passender Schlusspunkt des Streifzugs durch die Burg und ihre Geschichte. Allerdings darf man auch von hinten anfangen, und das ist sogar empfehlenswert. Denn der multimediale Ritt durch die fast 900-jährige Geschichte seit der ersten urkundlichen Erwähnung anno 1157 bietet nicht nur die Chance zum Testen von Helmen und Betten, sondern sehr viele Zahlen, Daten, Bilder und Hintergründe. Wohl dem, der immer wieder mal eine Pause einlegt, um noch aufnahmebereit zu sein, wenn der »Abgesang« über die lange neue Treppe nach unten beginnt.

Im Torso des Neuen Schlosses wartet unten und auf der Treppe ein hintergründiges Klangabenteuer, das von Gerald Fiebig stammt. Da kräht ein Hahn, da zwitschern Vögel, Hunde bellen, ein Pferd wiehert, während zwischen Säbelgerassel und Hufgetrommel der Kanonen- und Bombendonner näher rückt. Die Sounds vermitteln ein intensives Bild der Periode während und nach dem verheerenden Brand vom 17. April 1945. »Echoraum Cadolzburg« heißt die Geräuschkulisse, die auch Musik im Wandel der Zeit zitiert. Zum Schluss laufen auf Bildschirmen noch Zeitzeugen-Interviews mit Einheimischen, die von der NS-Zeit erzählen. Erinnerungen, die unter die Haut gehen.

Adresse Burghof 3, 90556 Cadolzburg, www.burg-cadolzburg.de | ÖPNV RB11, Haltestelle Cadolzburg, dann Bus 118, 126, Haltestelle Cadolzburg Burg | Öffnungszeiten April–Sept. Di–So 9–18 Uhr, Okt.–März Di–So 10–16 Uhr | Tipp Die Cadolzburg bietet in ihren schönen Innenräumen Veranstaltungen wie Krimilesungen unter dem Kreuzgewölbe oder Filmabende im Erkersaal. Vor der Burg finden im Sommer regelmäßig aufwendige Inszenierungen von Theaterstücken oder Musicals unter freiem Himmel statt. 2022 war es das Stück »Heiner« nach dem Roman von Fritz Stiegler aus Gonnersdorf (siehe Ort 25).

12 Der Lokschuppen

Zeitzeichen am Bahndamm

Die alten Schwarz-Weiß-Fotos muss man gesehen haben. Sie hängen pärchenweise im Vereinszimmer, das sich vorne im Lokschuppen befindet. Aufnahmen von früher zeigen die Sekundärbahn, als sie noch von Erlangen über Buckenhof, Uttenreuth und Neunkirchen am Brand nach Eschenau rollte. Auf dem Pendant entdeckt man die Veränderungen zugunsten des Autos. Dass die »Seku« (oder »Seekuh«, wie manche liebevoll sagen) früher direkt vor dem Himbeerpalast von Siemens vorbeidampfte, hat etwas Beeindruckendes. Der breite grüne Mittelstreifen in der Werner-von-Siemens-Straße erinnert noch an diese Zeit.

Von November 1886 bis Ende April 1961 fuhr die »Seku« die ganze Strecke. Zuletzt nur noch mit Tempo 15, weil es zwischen den Autos zu gefährlich wurde. 1963 war Schluss, die Schienen wurden abgebaut. Nur Fotos blieben – und der Lokschuppen, der in Eschenau neben dem Gleis der Gräfenbergbahn steht. Er diente als Garage für die Lokomotive und bot dem Lokführer ein Bett. Eine Toilette mit Spülung kam erst 1998, als der Verein »Eschenauer Kulturlokschuppen Seku« gegründet wurde. Der Vorsitzende Hans-Jürgen Bohnhorst schaffte es, der Bahn das Anwesen abzukaufen. Mit 35 aktiven Mitgliedern renovierte er das einsturzgefährdete Gebäude mit den zwei großen Toren in unzähligen Arbeitsstunden. 2008, zu seinem 100-jährigen Bestehen, war der mit einer kleinen Bühne ausgestattete Schuppen fertig. Heute finden hier Blues- und Jazzkonzerte, Ausstellungen, Fairtrade-Projekte, Zeitzeugengespräche und Familienfeiern statt.

Wegen der fehlenden Heizung im Saal mit 80 Plätzen gibt es eine Winterpause, die am 1. Mai mit dem traditionellen Dixie-Frühschoppen endet. Draußen auf den Restschienen parkt ein aufgemöbelter Güterwaggon aus DDR-Beständen, der als Lager dient. Ob die »Seku«-Strecke über den Ost-Ast der Stadt-Umland-Bahn irgendwann ein Comeback erlebt, ist ungewiss. Dampfzugfahrten wird es sicher weiter geben.

Adresse Eschenau Bahnhof, 90542 Eckental-Eschenau, Tel. 09126/288825, www.lokschuppen-eschenau.de | ÖPNV RB21, Haltestelle Eschenau | Tipp Hinter Eschenau gibt es markierte Wanderwege in Richtung Lauf, Kirchröttenbach, Heroldsberg oder Kalchreuth. Für ein Training im Wald ist der Fitness- und Gesundheitspark Eckental eine gute Anlaufstelle, er befindet sich unweit des Sportheims des SC Eckenhaid und des Hormesweihers, der einen Fischlehrpfad bietet.

13 Das Mühlenlädla

Meisterstück der Bio-nierin

Man weiß nicht, wohin man zuerst schauen soll, wenn man das Frohnhofer Mühlenlädla betritt. Auf die vollen Regale, Kisten und Theken? Auf die tolle Holzkonstruktion mit Trichtern und Einfüllstutzen? Oder auf Gertraud Switalskis Meisterbrief, der über dem Brotregal hängt? Am besten schaut man ihr in die Augen, die in einem gebräunten Gesicht voller Lachfältchen leuchten und alles im Blick haben, was im Laden geschieht. Dass sie über 80 Jahre alt ist, glaubt man kaum. So vital wirkt die Geschäftsfrau in ihrer weißen Schürze – und zugleich weise. Man würde ihr alles abkaufen, was sie einem mit ihrer warm fränkelnden Stimme ans Herz legt.

Switalski ist die Tochter eines Müllers, dessen Familie die Frohnhofer Mühle seit 1685 gehört und die parallel eine Landwirtschaft betreibt. 32 Bauern aus dem Umkreis kamen lange, um Roggen und Weizen mahlen zu lassen. In den 1970er Jahren veränderte sich viel. Also ging Gertraud Switalski zwei Jahre auf die Landwirtschaftsfachschule, machte als einzige Frau neben 32 Männern ihren Meister. 1979 entschied sie sich für zwei wegweisende Schritte: Sie stellte den Betrieb als eine der Ersten auf Bio um, weil sie »Klasse statt Masse« wollte. Gleichzeitig richtete sie in der ausgemusterten Mühle schrittweise einen Naturkostladen ein, ohne etwas am Interieur zu ändern.

Nach fünf schwierigen Jahren war die Umstellung geglückt, die »grüne Spinnerin« hatte es den Zweiflern gezeigt. Mit dem Mühlenlädla gelang der mutigen Bio-nierin ein zweites Meisterstück, das sich im Großraum herumgesprochen hat. Auf dem Hof leben heute drei Generationen unter einem Dach. Und gern gibt Switalski ihr Wissen an die junge Generation weiter. Schulklassen und Kindergärten kommen zum Besichtigen – als Belohnung für aufmerksames Zuhören winkt eine Runde mit den Bobbycars. Gut ein Dutzend dieser CO_2-neutralen Gefährte parkt unter der alten Mühlenladerampe. Unübersehbar.

Adresse Rothenbergstraße 2, 90542 Eckental-Frohnhof, Tel. 09126/5475, www.wp.frohnhof-muehle.de | **ÖPNV** RB21, Haltestelle Eschenau, dann Bus 217, Haltestelle Frohnhof | **Öffnungszeiten** Do 8.30–12.30 und 14.30–18 Uhr, Fr 8.30–18 Uhr, Sa 8.30–12.30 Uhr | **Tipp** In der Gemeinde Eckental gibt es seit 2015 ein Leuchtturm-Projekt der Flüchtlingshilfe. Der Trägerverein nennt sich FLEck e. V., hat 235 Mitglieder und wird seit 2019 von Claudia Blöchl geführt. Vielfältige Aktivitäten von Alltagsbegleitung über Integrationskurse und einem Sachspendenlager bis zur Fahrradwerkstatt werden angeboten (www.fleck-ev.de).

14 Der Siemens-Campus

Mit viel frischem Wind

Nicht nur ein paar Romantiker hatten feuchte Augen, als Siemens den 1953 vollendeten Himbeerpalast in der Werner-von-Siemens-Straße 2020 verließ und die Erlanger Zentrale nach 67 Jahren in den Süden verlegte. Dort, wo seit 1965 das hauseigene Forschungszentrum angesiedelt war, sieht der Großkonzern seine Zukunft in der Hugenottenstadt: Bis 2030 soll der Siemens-Campus schrittweise fertig werden, der nach den Plänen des Frankfurter Architekturbüros KSP Jürgen Engel auf 54 Hektar entsteht und voraussichtlich 500 Millionen Euro allein an Baukosten verschlingen wird.

Ein historischer Einschnitt, der sich auch architektonisch manifestiert. Es entstehen viele weiße Büroklötze statt einem Mix aus hellroten, gläsernen und verwinkelten Gebäuden. Der neue Stadtteil soll auch nicht abgeschlossen, sondern offen für alle sein – und attraktiv: mit viel Grün entlang der Siemenspromenade plus Radwegen, Cafés, Läden und Supermärkten. Mit Blick auf den Klimawandel heißt das langfristige Ziel »klimaneutral werden«, indem verstärkt auf Holzhybrid-Bauweise und Energieeffizienz geachtet wird.

Um den Aufbruch zu neuen Ufern und den frischen Wind markant zu symbolisieren, wurde 2022 »The Wings« installiert, entworfen vom Architekten Daniel Libeskind. 10 Meter hoch und 15 Tonnen schwer ist die Plastik, die aus drei Flügeln besteht, die in verschiedene Richtungen zeigen. Zwei weitere »Wings« hat Siemens im Gründungsort Berlin und am heutigen Hauptsitz München aufgestellt. Das Trio soll eine »Innovationsbrücke« für den technologischen Fortschritt in die Welt schlagen, heißt es.

Deutlich spielerischer wirkt im Vergleich die zweite Großskulptur am Siemens-Campus namens »The Entwurf«, entwickelt von Professor Stephan Frucht und dem Berliner Künstlerkollektiv »inges idee«. Sie besteht aus aufeinandergeschichteten bunten Frisbeescheiben und steht für das »Vorantreiben von Innovationskraft«. Na, denn los!

Adresse Günther-Scharowsky-Straße, 91058 Erlangen, www.siemens.com | **ÖPNV** Bus 286, 290, Haltestelle Felix-Klein-Straße | **Tipp** Zwei alte Erlanger Mühlen an der Regnitz werden neuerdings anderweitig genutzt: Die Kulturinsel Wöhrmühle ist ein sommerlicher Open-Air-Spielort des Kulturzentrums E-Werk, der 2022 erstmals genutzt werden konnte (www.e-werk.de/kulturinsel-woehrmuehle). Im Ensemble der Thalermühle residiert seit 2020 ein Restaurant mit Biergarten und Kleinbrauerei, getragen von einer Genossenschaft (www.thalermühle.de).

15 Die Teilerei

Der Name ist Programm

Da sind ein paar Salatblätter welk, da gibt es eine weiche Stelle im Apfel, da ist bei einem Jogurt das Mindesthaltbarkeitsdatum abgelaufen: Alles wird weggeworfen. Fast ein Drittel der Lebensmittel landet laut Studien von Umweltorganisationen weltweit im Müll, obwohl sie oft noch verzehrbar wären. Gegen diese Art der Verschwendung laufen Lebensmittelretter Sturm. Auf unterschiedliche Art – und in Erlangen seit dem 16. Juli 2021 mit einer festen Anlaufstelle in der Schiffstraße, bei der klar ist: Der Name ist Programm.

Johanna Wiglinghoff und Jakob Rößner haben die gemeinnützige Unternehmensgesellschaft Teilerei gegründet und so ihre ehrenamtliche Arbeit als Foodsharer zu einem Geschäftsmodell gemacht. Ein 40-köpfiges Team hilft beim Abholen und Verkauf der Ware. Die Teilerei ist allerdings keine Tafel, die gespendete Lebensmittel kostenlos an Bedürftige weitergibt, vielmehr gilt das Prinzip der »solidarischen Kasse«. Das heißt: Jede(r) bezahlt individuell nach Geldbeutel und der Ausprägung des Gewissens.

Insofern ist die Teilerei ein soziales Versuchslabor, das sich im Umfeld von Ateliers, Boutiquen, Cafés, Papierladen, Physiotherapie-Praxis, Stadttheater-Ticketbüro und dem Comic-Museum in einem alternativen Einkaufsviertel befindet. Als hier im Frühjahr 2021 ein Schmuckgeschäft zumachte, wagten Wiglinghoff und Rößner den Versuch mit dem neuartigen Tante-Emma-Laden.

Das Sortiment wechselt, doch Brot, Brötchen und Gebäck, Milchprodukte, Obst und Gemüse findet man immer, auch Meerrettichsahne und Ostereier gehören mal zum Sortiment. Eine ziemlich breit aufgestellte Kundschaft von Studierenden über junge Familien bis zur Rentnergeneration geht in die Teilerei. Dass manche zuerst das Teilen mit »gratis« gleichsetzen, sorgt für Gesprächsstoff und notwendige Aufklärung. Und das gern bei einer Tasse Tee auf einer weißen Bank draußen vor der Tür.

Adresse Schiffstraße 12, 91054 Erlangen, www.teilerei.de | ÖPNV Bus 205, 254, 283, 286, 289, 290, 294, Haltestelle Altstadtmarkt | Öffnungszeiten Di–Fr 12–19 Uhr | Tipp Schräg gegenüber, in der Schiffstraße 9, residiert das von einem Verein betriebene kleine Comic-Museum, das eine Sammlung deutschsprachiger Comics aufbaut. In den Schau- und Aktionsräumen finden Ausstellungen, Flohmärkte und Lesungen statt (Sa 14–18 Uhr, www.comic-museum.org).

16 Die Absturz-Gedenkstätte

Erinnerung an eine Tragödie

Ein schmaler Pfeil gibt den entscheidenden Fingerzeig zu dem Ort, an dem am 8. Februar 2001 eine Tragödie geschah. Keinen Kilometer von der Start- und Landebahn entfernt weist er in luftiger Höhe in den Steckerlaswald, wo drei Italiener an Bord eines Learjets ihr Leben verloren. Am frühen Nachmittag wollten Alessandro, Juan Luis und Stefano zurück nach Vicenza fliegen. Nur ein gewöhnlicher Wartungsflug, doch nach dem Start fiel eine Turbine aus, weshalb sich die Crew für den sofortigen Rückflug mit Notlandung am Nürnberger Flughafen entschied.

Untersuchungen zeigten später, dass der Pilot, statt ruhig zum Airport zu segeln, noch einmal Gas gab, sodass der Jet ins Schlingern kam und im Erlanger Reichswald nahe der Kraftshofer Siedlung mit einem lauten Knall abstürzte. Ein verhängnisvoller Fehler, für die Insassen kam jede Hilfe zu spät. Der damalige Pfarrer Bernhard Brons war als Notfallseelsorger vor Ort. Er erfuhr, dass ein paar Konfirmanden zu den Ersten gezählt hatten, die an der Unfallstelle gewesen waren. Mit ihnen suchte er das Gespräch, um das Erlebte zu verarbeiten. Das führte am Palmsonntag 2001 zur Aufstellung eines Holzkreuzes, das vor Ort an einen der stehen gebliebenen Bäume montiert wurde.

Als im Herbst 2003 der »Gedenkbaum« geknickt wurde, war Ersatz vonnöten. Brons konnte mit Peter Kißkalt und Thomas Klein zwei handwerklich begabte Kirchenvorstände für den Bau einer stabilen Absturz-Gedenkstätte gewinnen. Kißkalt schraubte das 1,20 Meter hohe Kreuz mit Fotos und Namen der drei Opfer auf ein torförmiges Gestell und betonierte es 2004 an der Absturzstelle in den Boden. Die Angehörigen waren angetan von der Gedenkstätte und sind bis heute froh, dass Kißkalt sich weiter darum kümmert. Wiederholt hat er Fotos und Farbe erneuert. Für seinen verstorbenen Vater hält Martin Brons, von Beruf ebenfalls Pfarrer, Kontakt zu den Familien der Opfer. Und das soll auch so bleiben.

Adresse 91058 Erlangen-Reichswald | **ÖPNV** Bus 31, Haltestelle Kraftshof, nach dem Ortsende von Kraftshof über die Schiestlstraße rechts zum Wanderparkplatz, von dort 5 Minuten zu Fuß zur Absturz-Gedenkstätte | **Tipp** An der Gedenkstätte führt am Flughafen der Bethang-Wanderweg vorbei, ein begehbares Kunstwerk an der Stadtgrenze von Nürnberg, Fürth und Erlangen (siehe Ort 7 im Band »111 Orte in Nürnberg, die man gesehen haben muss«).

17 Das Damwild-Gehege

Bambis im Blick

Man sollte etwas Zeit mitbringen und zunächst die elf Stufen der hölzernen Aussichtskanzel hochsteigen. Da Damwild als tag- und nachtaktiv gilt, ist es schwer vorherzusehen, wie nah man den Hirschen und Rehen kommen wird, die sich im eingezäunten Reichswald-Gelände zwischen Tennenlohe, Kalchreuth und Neunhof tummeln. Wer das Damwild genau beobachten will, sollte ein Fernglas oder eine Kamera mit einem ordentlichen Teleobjektiv mitnehmen.

Seit Anfang der 1970er Jahre besteht das Damwild-Gehege linker Hand an der Straße nach Kalchreuth, das vom Forstbetrieb als Erholungsangebot geschaffen wurde. Vor allem Familien mit kleineren Kindern kommen gern hierher. Und: Es geschieht immer wieder, dass jüngere Tiere bei der Futtersuche furchtlos bis an den mannshohen Metallzaun gehen. Bleibt man ruhig und verhält sich nicht ruckhaft, hat man plötzlich ein Bambi im Blick und steht Auge in Auge mit einem Kalb (1 Jahr), einem Spießer (2 Jahre), einem Knieper (3 Jahre) oder einem Löffler (4 Jahre).

Aus 20 bis 25 Tieren besteht in der Regel das Rudel im Damwild-Gehege. Aus genetischen Gründen achtet der Forstbetrieb darauf, dass immer wieder mal Hirsche von außerhalb hinzukommen. Zwei vom Wildpark Hundshaupten bei Egloffstein sind zuletzt 2021 dazugestoßen. Damit die Wiesen und Waldflächen nicht ganz kahl gefressen werden, wird die Population stabil gehalten. Mangels natürlicher Feinde heißt das: Ab und zu müssen Tiere von einem Jäger erlegt werden.

Auf einer Tafel, die in Kooperation mit der Nürnberger Bertolt-Brecht-Schule entstanden ist, erfahren Spaziergänger ein paar Fakten über das Damwild: Dass die Paarungszeit im Oktober und November und das Fell gepunktet ist, dass Damhirsche ein schaufelartiges Geweih haben und kein spitzes wie das Rotwild und im Vergleich kleiner und leichter sind. Und Schaufler heißen Damhirsche erst ab dem achten Lebensjahr. Wer hätte das gewusst?

Adresse Fürther Straße, 90562 Kalchreuth | **ÖPNV** Bus 21, Haltestelle Nürnberg-Neunhof, danach zu Fuß weiter; Alternative: Radweg direkt zum Damwild-Gehege | **Anfahrt** etwa 1 Kilometer nach der Autobahnbrücke auf der linken Seite der Fürther Straße in Richtung Kalchreuth, Parkplatz auf der anderen Straßenseite | **Tipp** Ein Bodenlehrpfad beginnt beim Parkplatz auf der anderen Seite der Straße nach Kalchreuth. Wer ein Rotwild-Gehege besuchen will, muss in den Fürther Stadtwald gehen, dort gibt es ein Wildschwein-Gehege.

18 Die Skulpturachse

Kämpfer im ehemaligen Militärgebiet

Er schaut außerirdisch aus, der weiße »Power Man«, der mit Ausfallschritt auf runden Betonplatten kniet. Mit der rechten Hand stützt er sich ab, in der linken hält er einen Stock. Das blau-rot geschminkte Gesicht erinnert an fernöstliche Krieger aus der Comic-Welt. Vom texanischen Bildhauer Gilbert Barrera stammt die Skulptur, die im Tennenloher Forst am Rand einer Weggabelung kauert. Es scheint, als wäre der Kämpfer auf dem Sprung. Und das passt bestens in das ehemalige Militärgebiet, wo 30 Jahre nach dem Abzug der amerikanischen Streitkräfte auf vielen Schildern vor dem Abweichen von den Wegen gewarnt wird. Merke: Als hier US-Soldaten den Ernstfall probten, landeten etliche Granaten und Bomben im Unterholz, ohne zu explodieren.

2016 hat Barrera vor Ort in Tennenlohe seinen »Power Man« aus Stahl und Gips geschaffen, um die Skulpturachse zu bereichern, die seit 2015 eine künstlerische Brücke vom 1996 entstandenen Skulpturenpark rüber zum Ex-Schießplatz schlägt, hinter dem seit 2003 Urwildpferde auf dem verwaisten Truppenübungsplatz grasen. Seit 2015 arbeiten zeitgenössische Künstler an einer Verbindung von Stadtraum und Natur. 14 Stationen sind es aktuell, wobei gelegentlich einige Plätze leer stehen, weil neue Werke von Kunststudenten im Anflug sind oder Skulpturen verkauft wurden.

Ein paar gute Bekannte sind aber fix. Außer dem »Power Man« sind es der hölzerne »Erzengel Gabriel« von Otto Abeßer, »3 Ringe« von Bernhard Rein oder »Das letzte Opfer« von Jurij Iwatko und Jelena Jermakowa, die 2015 mit ihrer vier Meter hohen Röhrenkonstruktion ein morbides, silbern glänzendes Ausrufezeichen setzten. Den Schlusspunkt hat der Skulpturachse-Mitinitiator Dieter Erhards mit seinem famosen »Quellstein« bereits 2001 gesetzt. Goldene Tiere und ein Engel thronen dort in luftiger Höhe, bevor die wild mit Graffiti verzierte Schießplatzrampe naht. Dort wäre durchaus noch Platz für ein paar grelle Figuren.

Adresse Start am Feuerwehrhaus in der Sebastianstraße 1, 91058 Erlangen-Tennenlohe, www.kunstkreis-tennenlohe.de | **ÖPNV** Bus 20, 295, 290, Haltestelle Tennenlohe | **Tipp** Westlich der Bundesstraße gibt es in Tennenlohe neben dem Skulpturenpark beim Weiher (siehe Ort 40 im Band »111 Orte in Fürth und Erlangen, die man gesehen haben muss«) zwei weitere sehenswerte Kunstwege, einen im Nordwesten, einen im Südosten des Ortsteils. Man darf gespannt sein, wie es mit all den Kunstprojekten weitergeht.

19_Der Brückkanal

Große Ingenieurskunst

Die zwei schwarz gekleideten Typen mit Hut sind nicht zu übersehen. Am Rand des Ludwigskanals unterhalten sie sich vor dem Holzlattenzaun über ihr neuestes Werk, das sie – man schreibt das Jahr 1845 – gerade vollendet haben: den 90 Meter langen Brückkanal mit einer Bogenspannweite von 13,80 Metern. Viel Hirnschmalz hat es die Ingenieure gekostet, und das anspruchsvolle Projekt glückte auch erst im zweiten Anlauf. Mit der Errichtung wurde 1839 begonnen, 1841 war der Kanal fertig.

Beim ersten Versuch war der Raum zwischen den Mauerschalen mit lockerem Erdreich gefüllt worden, das im feuchten Zustand aufquoll und das Bauwerk auseinanderdrückte. Beim Neubau wurden die Widerlager mit Gewölben geschlossen. Diese und noch mehr Infos über die drohende Einsturzgefahr und den notwendigen Neuansatz anno 1843/44 stehen auf den Kunstfiguren, die 2017 mit dem neuen Infokonzept des Wasserwirtschaftsamtes an mehreren Stellen des Ludwigskanals installiert wurden.

Der Brückkanal bei Feucht ist eines von einst zehn derartigen Bauwerken. Nur zwei blieben erhalten – das andere ist kleiner und überbrückt eine Straße bei Beilngries. Imposant ist das Gewölbe im Inneren der Brücke, das an eine gotische Kathedrale erinnert. Wegen der hervorragenden Akustik wäre es erfreulich, wenn der zuletzt gesperrte Zugangsweg saniert würde und Konzerte im Gewölbe wieder möglich wären.

Immer wieder erhebend ist beim Gang über den Brückkanal der Blick hinunter auf die Natur des Schwarzachtals. Radler sollten besser absteigen – zum einen, um die Aussicht richtig genießen zu können, zum anderen ist der Weg am Kanal ziemlich schmal. Und wer will schon unfreiwillig baden gehen? Von unten gesehen macht das Sandsteinmauerwerk mit dem Rundbogen auch nach fast 180 Jahren eine gute Figur und einen stabilen Eindruck. Hut ab, meine Herren, das war damals große Ingenieurskunst!

Adresse Brückkanalstraße 3, 90537 Feucht | ÖPNV S2, Haltestelle Feucht, dann Bus 678, Haltestelle Feucht Alter Friedhof | Tipp Neben dem Brückkanal befindet sich mit der Waldschänke Brückkanal einer der größten und am romantischsten gelegenen Biergärten im Nürnberger Raum, der auch »wetterfeste« Tische im Gasthaus bietet. Bis auf Januar und Februar ist er immer geöffnet.

20 Das Raumfahrt-Museum

Alles über Raketen

Er gilt als *der* Pionier der Raumfahrt: Hermann Oberth, der 1923 mit dem Buch »Die Rakete zu den Planetenräumen« ein Standardwerk für die Entwicklung der Raketentechnik publizierte. Alle wesentlichen Aspekte und künftigen Nutzungen, etwa die für Satelliten, hatte er im Blick. Der Physiker und Gymnasiallehrer wurde 1894 in Hermannstadt in Siebenbürgen geboren und lebte nach dem Zweiten Weltkrieg in Feucht, wo er am 28. Dezember 1989 starb. 1971 wurde das Museum von der Hermann-Oberth-Gesellschaft gegründet, »um das Lebenswerk des ›Vaters der Raumfahrt‹ an einem authentischen Ort zu würdigen«.

Seit 1989 stehen neben dem Pfinzingschloss 160 Quadratmeter Ausstellungsfläche zur Verfügung. Der vordere Teil dreht sich um Oberths Leben und seine von Jules-Verne-Fiktionen inspirierten ersten Forschungen – mit Fotos und Erinnerungsstücken aus seinem Privatbesitz. Seine beratende Tätigkeit für Fritz Langs Stummfilm »Frau im Mond« 1928/29 wird ebenso thematisiert wie seine ersten Raketenmodelle, aber auch seine Arbeit für das NS-Regime in der »Raketenschmiede« von Peenemünde, wohin er wie andere Experten abkommandiert wurde.

Obwohl Oberth nicht als Nazi-Mitläufer verurteilt wurde, konnte er nicht zurück in den Schuldienst. International blieb er anerkannt, zum Start des ersten bemannten Mondflugs wurde er 1969 in die USA eingeladen. Die legendäre Saturn V ist im kleineren Maßstab ebenso ausgestellt wie alle bekannten Raketenmodelle – von der russischen Sputnik bis zu Space X von Elon Musk – sowie eine Büste von Oberth.

Durch die hohe wissenschaftliche Qualität und die exklusiven Exponate besitzt das Hermann-Oberth-Museum international einen hervorragenden Ruf. Längst gelten die Räume als zu klein, seit 2017 gibt es Pläne für eine Erweiterung, für die damals 6,5 Millionen Euro veranschlagt wurden. Das Feuchter Rathaus hat die Entscheidung darüber jedoch bis 2026 vertagt.

Adresse Pfinzingstraße 12–14, 90537 Feucht, www.oberth-museum.org | **ÖPNV** S2, Haltestelle Feucht, dann Bus 678, Haltestelle Feucht Alter Friedhof | **Öffnungszeiten** Sa, So, Feiertage 14–17 Uhr und nach Vereinbarung unter Tel. 09128/3502 | **Tipp** Ein paar Meter weiter befindet sich in der Pfinzingstraße 6 das Zeidelmuseum, das neben Infos zur Kulturgeschichte der Bienen, zur Imkerei und zum Zeidelwesen in Feucht auch Imkerkurse, Vorträge und Ausstellungen bietet (www.zeidelmuseum.de).

21 Das Benario-Goldmann-Mahnmal

Wichtige Botschaften

Man kann nicht daran vorbeilaufen. Man muss zumindest kurz stehen bleiben, die Worte im rostigen Stahl der zweiteiligen Plastik lesen und die stilisierte Birkenrinde an den drei Stelen fühlen. Das führt zum Nachdenken über die Verbrechen der Nazis, die schon im Frühjahr 1933 zum Himmel schrien. Die jungen Fürther Juden und Kommunisten Ernst Goldmann und Rudolf Benario sowie der Nürnberger Arthur Kahn waren die ersten Mordopfer in einem Konzentrationslager. Am 12. April 1933 wurden sie im KZ Dachau erschossen, nachdem sie einen Monat zuvor festgenommen worden waren – Millionen weitere Tote sollten folgen.

Seit September 2020 erinnert das 7,5 Tonnen schwere Mahnmal aus Stahl und Aluminium eingangs der Uferpromenade an Benario und Goldmann – zugleich aber auch an den Widerstand der Mutigen und an den »Schwur von Buchenwald«, den »Nazismus mit seinen Wurzeln« zu vernichten und »eine neue Welt des Friedens und der Freiheit« aufzubauen. Es sind wichtige Botschaften, die für die Bedeutung der Gedenkstätte sprechen. Geschaffen haben sie die Langenzenner Metallkünstler Uwe Weber und Roland Hermann.

An derselben Stelle wurde im Fürther Stadtjubiläumsjahr 2007 mit einer Tafel an Benario und Goldmann erinnert, die 1927 unterhalb des Gänsbergs mit Gleichgesinnten den Fürther Ruderverein gegründet, Birken gepflanzt und das Vereinsheim errichtet hatten. Mehrfach war die Erinnerungstafel zerstört oder gestohlen worden – mutmaßlich von Rechtsextremisten, die auch drei Birken wiederholt so heftig attackierten, dass sie 2019 gefällt werden mussten.

Klar war: Es braucht einen Ersatz. Das neue Benario-Goldmann-Mahnmal ist ein gelungenes Ausrufezeichen, das sehr stabil wirkt, aber trotzdem rund um die Uhr beleuchtet und per Videokamera überwacht wird. Gut so!

Adresse an der Uferpromenade kurz nach dem Parkplatz an der Weiherstraße, 90762 Fürth | **ÖPNV** U1, Haltestelle Kulturforum | **Tipp** Entlang der Uferpromenade gibt es mehrere Attraktionen wie die Interkulturellen Gärten und den Kulturort Badstraße. Sie führt an der Siebenbogenbrücke vorbei hoch zur Dambacher Straße – dort findet man seit 2020 die erste gut aus- und umgebaute Fahrradstraße im Großraum.

22 Der Kanal-Gedenkstein

Anstoß zum Umdenken

Zigtausende Fahrzeuge rauschen täglich vorbei, ohne den runden, mannshohen und oben leicht spitzen Kilometerstein nahe der Auffahrt zur A73 auf der Poppenreuther Brücke zu beachten. Was schade ist, denn er ist der Letzte seiner Art, der an eine Zeit erinnert, als hier noch Schiffe und keine Autos unterwegs waren. Dick eingraviert lesen wir: 120 Kilometer bis Kelheim, 50 Kilometer bis Bamberg, 12 Kilometer bis Erlangen.

Ursprünglich thronte das gute Stück ein paar hundert Meter weiter nördlich am westlichen Kanalufer, damit Schiffsleute direkt informiert wurden. Heute erinnert der Kanal-Gedenkstein an einen Trotzkopf, der leicht schief stehend den Reiz der alten Wasserstraße beschwört. Passanten erfahren durch eine kleine Tafel, die schräg an einem Steinsockel verankert ist, dass Bayerns König Ludwig I. den Alten Kanal von 1835 bis 1845 errichten ließ, um eine Verbindung zwischen Donau und Main zu schaffen.

Schon ab 1843 zogen die von Pferden gezogenen Treidelschiffe von Bamberg über Fürth bis nach Nürnberg. Östlich der heutigen Brücke über den Frankenschnellweg lag der Fürther Kanalhafen auf Poppenreuther Gebiet – bis 1972 die Stadtautobahn-Ära begann und ein größerer Europakanal gebaut wurde, der bis heute Kritik erntet, weil dort nur wenige Schiffe unterwegs sind.

Anfang 2021 hat sich der Verein Nürnberg-Fürther Stadtkanal gegründet, der eine mutige Utopie in die Welt des Klimawandels gesetzt hat: die Renaissance der alten Wasserstraße mit Radwegen, Kleingärten und »Schaufelraddampfern« als Ausflugsbooten wie in früheren Zeiten auf der ursprünglichen Trasse. Eine Idee, die verrückt klingt, aber schon von der »taz« und dem »Spiegel« prämiert wurde. In Utrecht wurde so etwas im September 2021 realisiert und mit dem »European Prize for Urban Public Space 2022« belohnt. Insofern könnte der alte Kanal-Gedenkstein einen neuen Anstoß zum Umdenken geben.

Adresse Poppenreuther Straße, 90765 Fürth; an der A73, Ausfahrt Poppenreuth in Richtung Erlangen | **ÖPNV** Bus 33, 175, 178, Haltestelle Poppenreuther Brücke | **Tipp** Keine 500 Meter vom Sportpark Ronhof entfernt befindet sich an der Ecke Laubenweg/Kronacher Straße 22 ein Hochbunker, den die Stadt 2019 an die Sportfreunde Ronhof verpachtet hat. Seit Sommer 2021 gibt es im »Fanbunker« erste Führungen und Veranstaltungen, der Umbau läuft aber noch.

23 Die Kleine Mainau

Yoga-Runde mit Heilwasser

Bei Mainau denkt man natürlich zuerst an die Blumeninsel im Bodensee. Was bei der Kleinen Mainau in der Fürther Oststadt gar nicht verkehrt ist. Denn der Name dieser hangartigen Grünanlage hat mit dem milden Klima zu tun, das zu einem speziellen Pflanzen- und Insektenbiotop geführt hat. Der Hügel, der im Winter ein beliebter Schlittenberg ist, entstand bereits nach 1836, als der alte Ludwigskanal gegraben und ein Teil des Erdaushubs hier aufgetürmt wurde.

Eine wichtige Rolle bei der weiteren Entwicklung spielten Bohrungen im näheren Umfeld. 1901 stieß man in 356 Meter Tiefe nicht wie erhofft auf Steinkohle, sondern auf Mineralwasser. Es wurde König-Ludwig-Sprudel getauft und diente als ergiebige Heilquelle für das 1912 eröffnete Kurbad, das sich mit Trinkhalle, Casino, Musikpavillon und Grünanlage fast bis zum heutigen Stadtpark erstreckte. Der Erste Weltkrieg torpedierte die Entwicklung, Ende Juli 1920 wurde das Kurbad geschlossen.

Nach 1933 gab es einen neuen Anlauf. Die Nazis planten ein großes Kurzentrum und stießen 1936 bei Bohrungen auf eine weitere Heilquelle. Doch der Zweite Weltkrieg verhinderte die Realisierung, mit dem Wasser der Espanquelle wurde in den 1950er Jahren das private Schwimmbecken des Radio- und Fernsehpioniers Max Grundig gespeist, der nebenan sein Unternehmen aufbaute. Bis 1961 entstand an der Kleinen Mainau eine öffentliche Grünanlage mit Teich und Trinkhalle, wo das schwefel- und eisenhaltige Quellwasser nach faulen Eiern riecht. Am Rand des Parks fließt es rötlich runter zur Pegnitz.

Wegenetz, Trinkhalle und Pavillon wurden immer wieder restauriert, zuletzt 2018. Im Sommer 2021 bekam die Kleine Mainau neben mobilen Liegestühlen eine neunteilige Yoga-Runde spendiert. Auf Tafeln wird erklärt, wie heilsam Berg, Adler, Krieger oder Hund für Körper und Geist sind. So etwas gibt es auf der berühmten Mainau im Bodensee nicht.

Adresse Dammstraße 30, 90765 Fürth | ÖPNV Bus 38, 175, Haltestelle Kurgartenstraße | Tipp Östlich der Kleinen Mainau erinnert die Kurgartenstraße an die kurze Blütezeit der Fürther Kurbad-Ära direkt an der Stadtgrenze zu Nürnberg. Auf dem 2007 ausgewiesenen, 8,6 Kilometer langen Quellenweg kann man weitere Heilquellen in der Kleeblattstadt besuchen – dazu gehört das Fürthermare mit der Solegrotte (siehe Ort 103 im Band »111 Orte in Fürth und Erlangen, die man gesehen haben muss«).

24 Die Spiegelfabrik

Überzeugend demokratisch gebaut

Was heißt es, demokratisch zu bauen? Das war die zentrale Frage, die Thomas Röbke und seine Frau Martina Oertel umtrieb. 2012 suchten sie mit Gleichgesinnten ein Grundstück und stießen auf die ehemalige Spiegelfabrik in der Langen Gasse im Fürther Osten. 2015 gründete man zu acht eine für Planung und Bau zuständige Gesellschaft bürgerlichen Rechts. So startete ein Marathonprozess, um eine neue Heimat für Junge und Alte, Arme und Reiche, Einheimische und Geflüchtete zu schaffen, in der basisdemokratisch entschieden wird und es neben Eigentums- auch Mietwohnungen und eine Genossenschaft geben sollte.

Es klang nach der Quadratur des Kreises. Stimmig wirkte jedoch der mehrteilige Gebäudekomplex in Modulbauweise, den das Berliner Architekturbüro Heide & von Beckerath entwarf – mit 5.100 Quadratmetern Wohnfläche, 350 Quadratmetern Gemeinschaftsräumen und 3.000 Quadratmetern Freifläche. Da auch die Stadt Fürth dahinterstand, ging es trotz mancher Widerstände voran. Und im Frühjahr 2021 konnten die 57 Wohneinheiten und das Quartiersbüro tatsächlich bezogen worden.

Inzwischen bilden 150 Bewohner, davon 40 Kinder, ein urbanes Dorf, das WGs für Studenten, Geflüchtete und Gehandicapte ebenso bietet wie eine Unterkunft für exilierte Schriftsteller des PEN. Begegnung ermöglichen große, individuell gestaltete Laubengänge, das Waschhaus für alle und die kollektive Werkstatt mit Töpferei in der früheren Schmiede. Abgesehen von diversen Grün- und Energie-Projekten fällt auf, dass in der Tiefgarage viel mehr Fahrräder als Autos parken. So steht die Spiegelfabrik für eine nachhaltige Lebensweise. Kein Wunder, dass sie schon mehrere Preise gewonnen hat. Da das demokratische Bauen nicht mit dem Einzug endet, laufen Arbeitskreise und Arbeitseinsätze weiter. Und ein Kinderparlament gibt es auch. Wer sich das Haus anschauen will, kann im Quartiersbüro zwecks einer Führung anklopfen.

Adresse Lange Straße 53, 90762 Fürth, Tel. 0911/97902355, www.spiegelfabrik-fuerth.de | **ÖPNV** U1, Haltestelle Jakobinenstraße | **Tipp** Zwei Minuten entfernt befindet sich in der Langen Gasse die Kofferfabrik – ein besonderes Kulturbiotop mit viel Programm, das mindestens bis 2025 gesichert ist (siehe Ort 78 im Band »111 Orte in Fürth und Erlangen, die man gesehen haben muss«).

25 Der Stiegler-Hof

Kreativzentrum der besonderen Art

Sie sind alle wichtig: Die Haselnüsse, die Hühner, die Pferde und der »Heiner« – doch am einschneidendsten war das Feuer, das am 8. Februar 2014 um 20.30 Uhr auf dem Stiegler-Hof ausbrach. Mit einer Verpuffung begann der Großbrand, den 160 Feuerwehrleute bekämpften. Nur die alte Schmiede konnte gerettet werden. Es war ein Jammer, doch Landwirt Fritz Stiegler, Jahrgang 1962, jammerte nicht lange. Er und seine Familie krempelten die Ärmel hoch.

Als Glücksgriff erwies sich der Fürther Architekt Peter Dürschinger, der Tradition und Moderne beim Wiederaufbau auf besondere Art verknüpfte. Klare, individuelle Formen prägen die neuen Gebäude, die mit Holz aus dem eigenen Wald verkleidet sind. Alte Sandsteine wurden funktional integriert. Insgesamt ein Meisterwerk, das sieben Architekturpreise erhielt, inklusive des Deutschen Landbaukultur-Preises 2019. Die »Auferstehung« – so das »Deutsche Architektenblatt« – war 2018 vollbracht, und der neue Stiegler-Hof wurde zum ländlichen Kreativzentrum und zu einem Magneten für Neugierige.

Eine zentrale Rolle spielen Haselnüsse, auf die Fritz Stiegler 2006 umstieg, als die EU-Förderung für Tabak auslief. Zehn Hektar groß ist inzwischen die europaweit wegweisende Anbaufläche, auf der 1.600 Hühner auf natürliche Weise den Haselnussbohrer bekämpfen. Seit 2017 ist der Betrieb auf Bio umgestellt. Sohn Martin verarbeitet Eier und Nüsse zu Nugatcreme, die über das Label »FrankenGenuss« findig vermarktet wird – auch im feinen Hofladen und über Automaten in der herausgeputzten Schmiede.

Zweites Standbein am Hof sind 29 Pferde von Reitfans aus der Stadt, die hier untergestellt sind und die Milchkühe verdrängt haben. Das persönliche Steckenpferd von Fritz Stiegler ist das Schreiben, ob Stücke für die Burgfestspiele in Cadolzburg oder Romane mit Lokalkolorit. Sein jüngster dreht sich um den Bauernknecht »Heiner«. Sehr lesenswert.

Adresse Gonnersdorf 6, 90556 Gonnersdorf, www.franken-genuss.com | ÖPNV RB11, Haltestelle Cadolzburg, dann Bus 136, Haltestelle Abzweigung Gonnersdorf | Öffnungszeiten »Genuss-Schmiede« täglich rund um die Uhr, Terminvereinbarung für Führungen unter Tel. 0911/7142248, aktuelle Infos zum Hofladen siehe Website | Tipp Im Umkreis von Gonnersdorf, Greimersdorf, Cadolzburg und Stinzendorf gibt es mehrere Wanderrundwege mit längeren Passagen durch das Tal. Besonders schön sind sie an sonnigen Tagen.

26 Die Friedenstreppe

Nie wieder!

Es sind 261 Stufen bis ganz nach oben. Nach dem Blumengeschäft zweigt die lange steinerne Treppe ab, die weitgehend sehr geradlinig zum Michelsberg führt – und zu einem Denkmal, das nicht wenige für völlig überdimensioniert und politisch problematisch halten: das Kriegsgefallenen-Denkmal. Dabei handelt es sich um einen 1924 errichteten »tempelartigen Bau auf ovalem Grundriss mit Inschrifttafel [...], davor Aussichtsplattform und Freitreppenanlage bis zur Bayreuther Straße [...] signiert von Wilhelm Schemm«, wie in der Denkmalliste geschrieben steht.

Es gibt allerdings auch Menschen, die an diesem Ort der Erinnerung an die Opfer und Gefallenen des Ersten und Zweiten Weltkriegs nichts ändern wollen. Ein Reizthema, das in der Kleinstadt weiterschwelt, obwohl die Zeit der Auseinandersetzungen mit Rechtsextremen, als sich ab Ende der 1990er Jahre am Michelsberg regelmäßig Nazis zu Fackel-Aufmärschen trafen, seit 2009 vorbei ist. Gegendemonstrationen und der geballte kreative Widerstand des Bürgerforums »Gräfenberg ist bunt« waren erfolgreich, Kundgebungen beim »Kriegerdenkmal« waren schon vorher untersagt worden.

Vor Ort bleibt man aber wachsam. Mit dem »Gräfenberger Sportbündnis« hat Ludwig Haas, ein langjähriger Aktivist gegen Rechts, eine beispielhafte Initiative gegründet, bei der zehn Sportvereine aus der näheren Umgebung präventiv tätig sind. Der Vorstoß, das monströse Denkmal zu verändern und den Krieg durch den Frieden zu ersetzen, führte zu keinem Ergebnis. Immerhin ist es aber 2015 gelungen, eine Friedensbotschaft an der Treppe zu verankern.

»Es gibt keinen Weg zum Frieden – der Frieden ist der Weg«, so lautet die Botschaft des indischen Friedensnobelpreisträgers Mahatma Gandhi, der man an zwei Stellen des Handlaufs begegnet. Der Bildhauer Wolfram von Bieren hat das Werk gestaltet, durch das eine Friedenstreppe mit »Nie wieder!«-Appell nach oben führt.

Adresse Hans-Oßmann-Weg, 91322 Gräfenberg | ÖPNV RB21, Haltestelle Gräfenberg | Tipp In der Gräfenberger Altstadt stößt man auf drei Stadttore, die gut erhalten sind. Dazu gehören das 1371 erbaute Hiltpoltsteiner Tor an der Bayreuther Straße mit einem schönen Wandbild von Georg Prell und das Gesteiger Tor, zu dem ein steil ansteigender Weg führt. Beide Gebäude wurden vom Verein »Altstadtfreunde Gräfenberg« restauriert.

27 Der Ritter Wirnt

Wo der Wigalois lebendig wird

Es ist über 800 Jahre her, dass der Ritter Wirnt von Gravenberc, wie Gräfenberg im frühen Mittelalter hieß, gelebt hat. Mag sein Name zwischenzeitlich auch in Vergessenheit geraten sein, heute ist er hier an mehreren Stellen präsent. Am Marktplatz begegnet man ihm als Brunnenfigur in silberner Rüstung und mit erhobener Lanze, davor kämpft er reitend an der Fassade des Wolfsberger Schlosses. Die Realschule, eine Straße und ein Bier sind nach ihm benannt. Besonders nah kommt man ihm in der Ritter-Wirnt-Literaturstube, die die Gräfenberger Altstadtfreunde zusammen mit dem Kulturverein 2019 im Kräußelhaus eingerichtet haben.

In dem zehn Quadratmeter großen Raum erfährt man viel über den Verfasser des zwischen 1204 bis 1208 entstandenen Epos »Wigalois, der Ritter mit dem Rade«, das unter Mediävisten in einem Atemzug mit dem »Parzival« von Wolfram von Eschenbach und dem »Erec« von Hartmann von Aue genannt wird. In 11.708 Versen dreht sich alles um die sagenhafte Welt der Artusritter, ihren Kampf gegen das Böse und die Liebe zu den Frauen.

Wertvolles in Wort und Bild haben Otto Müller, Manfred Schwab und weitere Fachleute vom Verein der Altstadtfreunde zusammengetragen. Wichtig ist ihnen die Spurensuche mit gesicherten Quellen. Dazu gehört die Bogenhalle des Sommerhauses auf Schloss Runkelstein, die um 1390 mit Szenen aus dem »Wigalois« geschmückt wurde. Als sehr bedeutend gilt die erste kritische Werkanalyse von Georg Friedrich Benecke anno 1819.

Die Forschung über Ritter Wirnt und sein einziges Werk ist noch lange nicht abgeschlossen. Es ist Gegenstand von Doktorarbeiten, selbst Studenten aus Japan und USA schauten im Museumsstübchen vorbei, aktuell wird an der Uni Bamberg darüber geforscht. Lebendig wird der »Wigalois« auch bei Schultheateraufführungen und in Manfred Schwabs 68-seitigem Abenteuer-Comic von 2011. Zu finden in der Ritter-Wirnt-Literaturstube.

Adresse Bahnhofstraße 16, 91322 Gräfenberg, Tel. 09192/7340, www.altstadtfreun.de | ÖPNV RB21, Haltestelle Gräfenberg | Tipp Bei einem Rundgang durch die Gräfenberger Altstadt erfährt man an 21 Stationen interessante Informationen auf verschiedenen Tafeln. Die drei erhaltenen Stadttore gehören ebenso dazu wie die Wasserversorgung von 1898 am großen Marktbrunnen oder die Fassadenbilder des Kunstmalers Georg Prell.

28 Der Teufelstisch

Gänsehautmomente

Mitten im Wald ragt er am Eberhardsberg am Rand des Hangs in die Höhe. Man reibt sich die Augen, kann es kaum glauben, dass dieser Stein real ist. Die Form erinnert tatsächlich an einen Tisch, der mit einer Wahnsinnskraft in den Boden gerammt worden sein muss. Allein der Anblick sorgt für Gänsehaut und der Name Teufelstisch erst recht. Kein Wunder, dass sich gruselige Legenden darum ranken.

Eine dreht sich um Ritter Graf Kuno von Gräfenberg, den einmal ein großer schwarzer Ritter zum Duell herausgefordert haben soll. Nach der schmerzhaften Niederlage wollte er Revanche und fand sich nachts zu später Stunde im Wald ein. Dort wurde der Ritter vom Leibhaftigen zu einem Mahl gebeten, bei dem aus einem großen Felsen ein Tisch wurde, auf dem feinste Speisen standen. Punkt Mitternacht war mit dem Glockenschlag der Weißenoher Klosterkirche alles vorbei – als Hinterlassenschaft blieb der steinerne Tisch, der fortan Teufelstisch genannt wurde.

Wer sich der Naturskulptur eher nüchtern nähert und auch keine Außerirdischen ins Spiel bringen will, kann sich das steinerne Phänomen geologisch erklären. Handelt es sich doch um einen sogenannten Pilzfelsen aus einer Zeit, als die Gegend rund um Nürnberg noch ein großes Meer war. Als sich das Wasser zurückzog, wurden die frei liegenden Riffe durch Verwitterung weiter geformt. Da der untere Teil wegen der unterschiedlichen Gesteinsdichte schneller verwitterte als der obere, entstand so eine ungewöhnliche Tisch-Form.

Der Teufelstisch ist mittlerweile als Naturdenkmal ausgewiesen. Nicht weit entfernt gibt es auf dem 533 Meter hohen Eberhardsberg weitere diabolische Felsengebilde, die für Gänsehautmomente sorgen, darunter die Teufelsküche oder das Teufelswohnzimmer. Beide gehören auch zum acht Kilometer langen Weg »Sagenhaftes Gräfenberg«, zu dem 2018 ein schön gemachter Wanderführer erschien.

Adresse Eberhardsberg, 91322 Gräfenberg, Tel. 09192/709-0 | **ÖPNV** RB21, Haltestelle Gräfenberg, Weg vom Bahnhof beschildert | **Tipp** Rund um Nürnberg gibt es noch andere Naturspektakel, die den Teufel im Namen tragen, wie die Teufelskirche östlich von Schloss Grünsberg bei Altdorf. Bei ihr handelt es sich um eine kleine Schlucht, die von verwitterten Sandsteinfelsen umschlossen, von Moosen und Farnen bewachsen und von einem kleinen Wasserfall umgeben ist. Sehr romantisch!

29 Das Turmuhren-Museum

Voller toller Hemmungen

Zeit ist relativ. Das hat Albert Einstein nachgewiesen, der mit Blick auf seine Erkenntnisse später notierte: »Wenn ich die Folgen geahnt hätte, wäre ich Uhrmacher geworden!« Mit diesem Satz sitzt er in einem Boot mit Georg Rammensee, der als Spross einer international gefragten Turmuhrenfabrik gern dieses Handwerk erlernt hätte, wenn die Perspektiven besser gewesen wären. So wurde er Betriebsmechaniker und war auf Montage, als der Familienbetrieb 1957 aufgab.

Das Uhrmacher-Gen ließ Georg Rammensee aber nicht in Ruhe. Als er zurück in seine Heimatstadt kam, wurde ihm 1982 eine ausrangierte Rammensee-Turmuhr von 1907 angeboten, die in Höfles bei Gräfenberg auf dem Dachboden der Bauernfamilie Kugler lag. Rammensee kaufte und restaurierte sie, was die Initialzündung für sein Turmuhren-Museum bildete. Bei der Arbeit sei »endgültig die tiefgehende Begeisterung für die mechanischen Großuhren geweckt« worden, schreibt er im Buch »Gräfenberger Schätze – Turmuhrenfabrikation und Fossilienreichtum«.

Als sein Haus zu klein wurde, wechselte er 1999 über familiäre Bande in die Ex-Gerberei-Scheune in der Kasberger Straße, wo noch im selben Jahr das Museum eröffnete, das sich immer weiter füllte. Heute sind 57 höchst unterschiedliche Modelle – 21 von Rammensee – auf zwei Ebenen ausgestellt. Eines ist schöner als das andere, sie werden flankiert von der Familiengeschichte und von Ammoniten-Funden. Die älteste Turmuhr stammt von 1470 und besitzt eine Spindel-Hemmung, wie das Herzstück heißt, das den Impuls eines Pendels in einen gleichmäßigen Gang versetzt.

Bei Führungen stellt der Chef viele tolle Hemmungen vor, ob mit Anker-, Stiften- oder Hamsterrad, aber auch Skurrilitäten wie ein Kanonenkugelpendel. Dass Funkuhren den mechanischen Wunderwerken das Wasser abgruben, ist tragisch, doch die moderne Technik kommt auch außen am Museum zum Einsatz. Sie tickt einfach zuverlässiger und genauer.

Adresse Kasberger Straße 18, 91322 Gräfenberg, www.turmuhren-graefenberg.de | **ÖPNV** RB21, Haltestelle Gräfenberg, dann Bus 219, Haltestelle Gräfenberg Lärchenstraße | **Öffnungszeiten** So 14–18 Uhr, Führungen auch zu anderen Terminen nach Vereinbarung unter Tel. 09192/8266 | **Tipp** Das Gräfenberger Freibad ist seit über 80 Jahren eine beliebte Sommerattraktion der Kommune mit einem gepflegten 50-Meter-Becken. Der rührige Förderverein unterstützt das Bad seit Langem nach Kräften.

30_Das Obstparadies

Apfel hoch drei

Es geht aufwärts, wenn man nach Gustenfelden fährt. Egal, ob man aus Schwabach, Reichelsdorf oder Stein kommt, auf den letzten Metern geht es nach oben. An schönen Tagen treffen einen am höchsten Punkt der kleinen Gemeinde auf 369 Metern die letzten Sonnenstrahlen des Tages. Gustenfelden liegt auf der Sonnenseite des Lebens und gilt deswegen als ideal für die Landwirtschaft.

Die Familie von Manfred Winkler hat seit 1885 ihren Hof hier. Der Schwerpunkt lag lange auf Tabak, doch mit dem Wegfall von EU-Subventionen musste man sich etwas Neues einfallen lassen. So verstärkten die Winklers ab 1993 den Obstanbau und setzten vor allem auf den Apfel. Inzwischen werden allein 20 Hektar nachhaltig im integrierten Landbau bewirtschaftet. 13 Arten – von Boskop über Jonagold und Santana bis Zari – sind inzwischen im Sortiment. Auf weiteren gut sieben Hektar findet man Birnen- und Zwetschgenbäume, Pfirsich-, Nektarinen- und Aprikosenstauden sowie Traubenstöcke und Erdbeerfelder.

Um die Kunden direkt zum Erzeuger zu locken, eröffnete Winkler als Vorreiter schon 1996 den ersten Hofladen, der zuletzt 2017 im großen Stil erweitert wurde, inklusive Kühllagerräumen für Äpfel und Maschinen für das Weiterverarbeiten zu Saft, Marmelade und Spirituosen. Ab 2005 wurde das Direktmarketing ausgebaut. So ist der Hof der Winklers, auf dem vier Generationen unter einem Dach leben, zu einer Art Obstparadies geworden, das Kunden aus dem Großraum anzieht und beliefert.

Der Erfolg der Winklers zog vor Ort Kreise. Der erste »Tag des offenen Hofs« vor 25 Jahren intensivierte das Miteinander. Der Milch- und Geflügelhof Wagner, der Metzger Rosskopf, die Winkler-Mühle und Obstbau Winkler bilden eine selbstbewusste Hofladen-Gemeinschaft, die 2018 zu einem von 100 »Genussorten in Bayern« ernannt wurde. Gustenfelden ist nun ein »Vorzeige-Selbstvermarkter-Dorf«. Spitzenmäßig!

Adresse Dorfstraße 2, 91189 Gustenfelden, www.obstbau-winkler.de | **ÖPNV** Anrufsammeltaxi A670 nach Gustenfelden unter Tel. 0157/80531073, 1 Stunde vorher bestellen | **Öffnungszeiten** Mo–Fr 8–18 Uhr, Sa 8–13 Uhr | **Tipp** Nach langer Zugehörigkeit zu Schwabach ist Gustenfelden seit 1972 ein Ortsteil der Gemeinde Rohr, die 2020 für das Projekt »Biodiversitätsgemeinde« ausgewählt wurde. Der Erhalt und die Steigerung der Artenvielfalt, der Lebensräume und der biologisch-genetischen Vielfalt wird seitdem in regelmäßig tagenden Arbeitskreisen erarbeitet – mit wegweisenden Projekten und Konzepten.

31 Der Baggersee

Lieber eine Nummer kleiner

Wer nicht aufpasst und eine falsche Abzweigung nimmt, der landet südlich von Happurg beim zehnmal so großen Stausee, der nebenan ein kleineres »Oberbecken« besitzt, das manchmal fälschlicherweise auch Happurger Baggersee genannt wird. Also lieber eine Nummer kleiner! Und besser ist es, man kommt gleich mit dem Fahrrad über den schönen Fünf-Flüsse-Radweg und fährt zum nördlich von Happurg gelegenen echten Baggersee. An heißen Tagen spart man sich dadurch auch die Parkplatzsuche und einen längeren Anmarsch, bis man das Ufer des lang gezogen Gewässers erreicht hat.

Rund fünf Hektar groß ist die Fläche des neun Meter tiefen, mit Grundwasser gespeisten Badesees. Das sorgt selbst nach längeren Hitzeperioden im Hochsommer für einen ordentlichen Abkühleffekt beim Schwimmen im ringsum eingewachsenen See, um den herum es einen Mix aus Sonnen- und Schattenplätzen gibt. Wer sich nach einer längeren Baderunde aufwärmen will, kann auch den Holzsteg bei der Seegaststätte aufsuchen, in der man kühle Getränke, Eis und kleinere Speisen wie Currywurst mit Pommes bekommt. Eine öffentliche Toilette befindet sich dort ebenfalls.

Im Gegensatz zum großen Stausee, der sich bevorzugt für Segler und Surfer eignet, ist der Baggersee ideal zum Schwimmen. An vielen Stellen kann man problemlos reingehen, für kleinere Kinder gibt es ein paar sandige, flache Stellen, und die Wasserqualität gilt seit Jahren als gut. Stand-up-Paddler sind hier ebenso unterwegs wie kleine und große Luftmatratzenkapitäne.

Beliebt ist der Happurger Baggersee auch bei Anglern. Unter den Arten, die sich im Wasser tummeln, sind neben Karpfen auch Rotaugen, Rotfedern und Sonnenbarsche. Aale, Schleien und Hechte wurden ebenfalls schon gefangen. Freunde der Flora freuen sich über die Seerosen, die sich auf der Westseite unter dem kleinen hölzernen Aussichtsturm ausgebreitet haben. Ein schöner Farbakzent.

Adresse Am Baggersee 1, 91230 Happurg | ÖPNV S1, Haltestelle Happurg | Öffnungszeiten rund um die Uhr | Tipp Vom Baggersee aus kann man eine schöne Rad- oder Wandertour in Richtung Pommelsbrunn und Hartmannshof unternehmen, die man auch abkürzen kann – oder man steigt zwischendurch mal in den Zug.

32 Die Gedenkstätte Doggerstollen

Unterirdischer Irrsinn

Als das NS-Regime 1943 schon massiv mit dem Rücken zur Wand stand, sollte mit Hilfe von bombensicheren Fabriken für die Rüstungsproduktion der »Endsieg« erzwungen werden. Ein Beispiel ist der fast vier Kilometer lange Stollen mit bis zu sieben Meter breiten und sechs Meter hohen Gängen, der ab Mai 1944 in den rötlichen Sandstein der Houbirg bei Happurg gesprengt, gebohrt und geschlagen wurde. Für eine Jagdflugzeug-Motorenfabrik von BMW – ein menschenverachtendes Projekt, das über 4.000 der 9.000 Zwangsarbeiter im extra dafür geschaffenen Konzentrationslager Hersbruck das Leben kostete (siehe Ort 41).

Das verzweigte »Doggerwerk« ist unvollendet geblieben und gilt zumindest teilweise als akut einsturzgefährdet. Deshalb wurden einzelne Stollen gesichert und alle Eingänge zubetoniert. Der Vorstoß des Vereins Dokumentationsstätte KZ Hersbruck, zumindest einen Teil öffentlich zugänglich zu machen, scheiterte aus Kosten- und Sicherheitsgründen. Die einzigen Nutzer der Stollenanlage sind Fledermäuse, für die extra Einflugschlitze geschaffen wurden. Seit 2016 gibt es am Fuß der Houbirg immerhin eine offizielle Gedenkstätte, die mit sechs Infostelen und einem meterlangen Original-Bohrhammer über die Hintergründe und das Schicksal der KZ-Häftlinge aufklärt. Audiostationen mit O-Tönen von Überlebenden gehen einem unter die Haut, weil sie verdeutlichen, wie grauenvoll die Lage der Zwangsarbeiter im unterirdischen Irrsinn der Nazis war. Vom Dokumentationsort führt ein Waldweg über Stock und Stein und an geknickten Baumstämmen vorbei rund um die Houbirg. Betroffen steht man vor den Resten der zugemauerten NS-Ruine, die nicht totgeschwiegen werden darf, damit so etwas nie wieder geschieht. Auch deshalb sind kreative Ideen zur Erinnerungskultur wichtig und markierte Gedenkpfade von großer Bedeutung. Gerade für die jüngere Generation.

Adresse Start des Wanderwegs beim Dokumentationsort am Südring, 91230 Happurg | **ÖPNV** RE32, Haltestelle Hersbruck, dann Bus 334, Haltestelle Happurg Rathaus | **Tipp** Am Happurger Stausee steht ein Gedenkstein oberhalb der Staatsstraße mit der Inschrift »Den Opfern des KZ-Kommandos Hersbruck 1944–45«. Er erinnert an das KZ-Krematorium, das zwischen Happurg und Förrenbach stand. Als der Bereich 1955 geflutet wurde, musste er verlegt werden. Ein weiteres Mahnmal befindet sich seit 1950 im Wald zwischen Schupf und Kainsbach.

33 Der Steinbruch

Wenn der Canyon leuchtet

Man muss nach Sonnenaufgang zum Steinbruch kommen. Wenn die Luft ganz rein ist und das Zementwerk ruht. Dann steht man oben an der Abbruchkante und blickt an exotischen Disteln vorbei auf eine karstige Landschaft mit markanten Wänden, die seit Jahren stufenweise in den Kalk- und Dolomitboden oberhalb von Hartmannshof gesprengt, geschaufelt und gegraben werden. Das Szenario erinnert an einen Canyon im Death Valley, der nicht von Wind und Wetter in Millionen von Jahren, sondern zügig von Menschenhand geschaffen wurde.

Klar ist: Der Steinbruch ist ein Extremstandort für die Tier- und Pflanzenwelt und auch eine Herausforderung für die Menschen. Früher gab es oft Beschwerden wegen des Lärms, des Staubs und der Erschütterungen. Doch seit Langem bemüht sich das Kalk-, Stein- und Zementwerk Sebald um eine gute Nachbarschaft. Der Betrieb ist seit 1996 zertifiziert, hat modernste Filteranlagen gegen Kalkstaub eingebaut und lässt in Abstimmung mit Naturschutzbehörden aufgegebene Abbaugebiete nachhaltig bepflanzen.

Ein- bis zweimal pro Woche wird gesprengt, weshalb der Zutritt zum Steinbruch verboten ist. Doch für Schulprojekte und einen Tag der offenen Tür ist man bei der Firma Sebald offen, um den Betrieb vorzustellen. Begonnen hat alles 1860 – ein Jahr nach der Vollendung der Bahnlinie von Nürnberg nach Amberg. Sie eröffnete die Chance, über die Schiene Kohle zu bekommen und Kalk zu verschicken. Der Schullehrer Georg Leonhard Sebald sah darin eine reizvolle Perspektive und entschied sich damals für den Bau eines Kalkwerks, in dem seitdem die Rohstoffe aus dem Steinbruch verarbeitet werden.

1956 stieß man bei einer Sprengung auf Spuren einer prähistorischen Siedlung in Hunas, die danach viele Wissenschaftler anzog. Heute winken bei einer Runde um den Hartmannshofer Canyon ein paar Entdeckungen in der Pflanzenwelt – von der Wilden Karde bis zur Kleinblütigen Königskerze.

Adresse Hunaser Straße 3, 91224 Pommelsbrunn | ÖPNV S1, Haltestelle Hartmannshof | Tipp Prähistorische Funde aus dem Steinbruch sind im Museum »Urzeitbahnhof Hartmannshof« zu sehen, das 2011 im ehemaligen Bahnhofsgebäude eröffnet wurde. Gezeigt werden Funde aus dem benachbarten Weiler Hunas – inklusive der Kopie des vor Ort gefundenen Neandertaler-Backenzahns.

34_Frau Linde

Lebendiges Holz auf der Kirchenbank

»In die Welt gestellt« hieß der Titel der Ausstellung mit hölzernen Skulpturen von Stephan Guber, die im Sommer 2018 im und um das Heilsbronner Münster für Gesprächsstoff sorgte. Und für viel Begeisterung, wie es seit rund 20 Jahren der Fall ist, wenn in der Kleinstadt moderne Kunst zwischen Mai und Oktober eine wunderbare Bühne bekommt. Beeindruckend ist dabei das enge Miteinander von Kommune, Evangelischer Kirche, Religionspädagogischem Zentrum, Kulturverein und der seit 2020 als Verein organisierten Initiative KunstRaumHeilsbronn, was stets ein gehobenes Niveau hervorbringt und Überraschungen birgt. Manchmal mit unvorhergesehenen Folgen.

So saßen 2018 lebensgroße Holzfiguren auf den Stühlen und Sitzbänken des Münsters. Eine schien zu lesen, andere sahen geradeaus zum Altar. Eine Frau mit langen Haaren und Mittelscheitel schaute leicht nach rechts – aufrecht, mit gefalteten Händen, freundlich. Sie hatte etwas Lebendiges und zog die Blicke auf sich. »Die Gemeinde hat sich in sie verliebt«, heißt es heute noch. Am Ende stand fest: Diese Skulptur muss bleiben. Da sie aus hellem Lindenholz geschnitzt war, lag der Name auf der Hand: Linde.

Nun sitzt sie weiter in einer der Kirchenbänke. Mal in der dritten, mal in der zweiten Reihe oder ganz hinten. Sie soll mobil sein und ein Eigenleben führen dürfen. Inzwischen ist Frau Linde zu einer Vertrauensperson geworden, die im Gemeindeblatt »Blickpunkt Münster« sogar auf der vorletzten Seite eine regelmäßige Kolumne bekam, in der sie ganz persönlich aus dem Nähkästchen plaudert. Darin blickt sie schon mal zurück in die Vergangenheit, als sie noch Teil eines Baumes war, dessen Blüten zu einem wohligen Tee verarbeitet wurde, der heute etwas aus der Mode gekommen ist. Und dankbar sei sie, nicht zu Brennholz verarbeitet worden zu sein. So schließt sie mit den Worten: »Ach, wie geht's mir gut!« Irgendwie tröstend.

Adresse Münsterplatz 1, 91560 Heilsbronn | ÖPNV S4, Haltestelle Heilsbronn | Öffnungszeiten April–Okt. täglich 10–17.30 Uhr, Nov.–März täglich 10–16 Uhr, Jan.–Feb. nur bei Gottesdiensten, Infos unter Tel. 09872/1297 und www.kunstraumheilsbronn.de | Tipp Drei Minuten vom Münsterplatz entfernt befindet sich die prächtig sanierte Klostermühle in der Mühlgasse 9, die man in den Sommermonaten im Rahmen von Führungen besichtigen kann und die auch in Ausstellungen des KunstRaumHeilsbronns integriert wird. Das siebenstöckige Gebäude stammt aus dem Jahr 1132 und wurde 1516 nachträglich mit einem Fachwerkgeschoss erhöht (www.klostermuehle-heilsbronn.de).

35_Der Münsterplatz

Wasserspiele im angedeuteten Kreuzgang

Leise rauscht es am Münsterplatz. Darauf hatten sich im Mai 2011 alle gefreut. War doch dem zweijährigen Umbau ein fünfjähriger Planungs- und Entscheidungsprozess vorangegangen, bis man sich auf das Konzept einigte. Entwickelt wurde es vom Erlanger Architekten Hubert Kress in Absprache mit der Heilsbronner Verwaltung und Politik, aber auch mit der einheimischen Bevölkerung. Und es hat sich gelohnt, denn der neue Münsterplatz wirkt einladend, in sich schlüssig und bietet schöne Feinheiten.

Aufgegriffen wurde der frühere Kreuzgang des Zisterzienserklosters, dem vor der Umgestaltung durch zwei Meter tiefe archäologische Ausgrabungen nachgespürt wurde. Die Form wird über wohlgesetzte Andeutungen dargestellt – mit grauen Steinen als Markierung, rötlichem Pflaster zum Gehen sowie symbolträchtigen Beeten (Rose als Marienblume, Salbei als heilende Pflanze) und biblischen Worten auf einem Epitaph (»Selig sind, die nicht sehen und doch glauben«).

Infolge der stufenweisen Absenkung des Platzes nach dem Brunnenhaus und dem davor stehenden Tastmodell wird ein kleiner Bachlauf nach unten geleitet, der bei Kindern sehr beliebt ist. Der große Blickfang am neuen Münsterplatz ist trotzdem der aus Weißglasscheiben gefertigte Drei-Schalen-Brunnen, der von Mai bis Oktober für ein sanftes Rauschen sorgt. Bildhauer Dietrich Förster hat sich das transparente Wasserspiel mit dem schönen Grünstich ausgedacht, das durch die Beleuchtung am Abend noch präsenter wird.

Der Brunnen steht an der Stelle, wo sich bis zur Zerstörung im Dreißigjährigen Krieg ein Pendant mit drei Schalen befand. 80.000 Euro hat das Kunststück gekostet, das wegen der Frostempfindlichkeit im Winter dick eingepackt werden muss. Wie bruchgefährdet das Glas ist, hat der Trinkwasserbrunnen aus dem gleichen Material gezeigt: Nach mehrfacher Zerstörung wurde er durch ein stabileres silbernes Modell ersetzt. Schade.

Adresse Münsterplatz, 91560 Heilsbronn | ÖPNV S4, Haltestelle Heilsbronn | Tipp Im Umfeld lohnt sich der Besuch in einem der früheren Klostergebäude mit neuer Nutzung wie der neuen Abtei (jetzt Religionspädagogisches Institut) oder des Refektoriums (jetzt Gemeindehaus St. Otto) sowie ein Abstecher um die Ecke zur Klostermühle, in der seit 2015 auch Ausstellungen des Vereins »KunstRaumHeilsbronn« stattfinden.

36 Das Stadtmuseum

Von Putten bis zum Contradon

Mit dem gläsernen Außenaufzug geht es hoch zum Stadtmuseum, das sich seit 2006 unter dem Dach des Konventhauses befindet. Diesen Namen trägt das Gebäude erst seit 1990, vorher nannte man es »altes Finanzamt« – wegen der Nutzung von 1880 bis 1929. Das Konventhaus hatte trotz seiner räumlichen Nähe zum Kloster nie direkt etwas damit zu tun. Gut zu wissen, bevor man sich der Dauerausstellung »Vom Kloster zur Stadt« nähert.

Die Ursprünge der Klosterkirche mit dem Baustart 1132 stehen dort zuerst im Fokus – auf einer Tafel mit der ältesten Ansicht Heilsbronns von 1690. In der wechselvollen Geschichte des Klosters sind die Reformation und die Luther-Bibel mit von der Partie. Flankiert von Putten mit Engelsgesichtern und kunstvollen Kreuzen rückt die Auflösung des Klosters näher, weil durch einen markgräflichen Erlass ab 1529 keine neuen Mönche mehr aufgenommen werden durften. 1578 starb der letzte Abt namens Melchior. Die Markgrafen von Ansbach und Kulmbach-Bayreuth krallten sich das Kloster, aber die Geschichte drehte sich weiter, wie man weiß. Zuerst wurden die Preußen und später der bayerische König der Befehlshaber über Heilsbronn.

Die Entwicklung von Landwirtschaft, Handwerk, Vereinen, Polizei und Handel führte zu einer beeindruckend langen Liste an Gewerbetreibenden in Heilsbronn im Jahr 1910. Technische Veränderungen wie die neue Eisenbahnlinie von Nürnberg nach Ansbach sind ebenso dokumentiert wie die NS-Zeit und die Eingemeindungen in den 1970er Jahren. Neben den erneuten Umnutzungen von Klostergebäuden taucht gegen Ende die Firma Ortlieb auf, die seit 1997 in Heilsbronn ihre Fahrradtaschen produziert.

Ein kurioses Stück Heimatgeschichte liefert am Schluss die 60-seitige Dokumentation zur Wiederentdeckung des Heilbronner Contradons – eines besonderen Blasinstruments, das als verschollen galt, bis 2012 eine ersteigerte Fotografie zu neuen Untersuchungen führte.

Adresse Hauptstraße 5, 91560 Heilsbronn, www.museum-heilsbronn.de | ÖPNV S4, Haltestelle Heilsbronn | Öffnungszeiten Fr–So 14–16 Uhr | Tipp Der Katharinenturm ist das Überbleibsel der Katharinenkirche. Nach der Aufhebung des Klosters nutzte die evangelische Gemeinde das Münster, nach 1770 wurde die Kirche jedoch abgerissen – bis auf den Westteil, den man zu einem Wohnturm aufstockte. Im Dach zog der Türmer ein, dessen Amt nach 1945 abgeschafft wurde. 1980 folgte der Umbau zur Stadtbücherei. In der Türmerwohnung ist seit 1995 der Heimatverein Heilsbronn untergebracht.

37__Die Kulturscheune

Die Rückkehr des »Broutkoung«

Es lag etwas in der Luft, als 1991 der Verein Kulturfreunde Heroldsberg ins Leben gerufen wurde. 19 Gründungsmitglieder rund um den Vorsitzenden Eberhard Brunel-Geuder hatten das Ziel, »das kulturelle Leben im Ort grundlegend zu ändern und zu verbessern«. Und rückblickend kann man feststellen: Sie haben einiges bewegt, was sich auch an der stetig steigenden Mitgliederzahl ablesen lässt, die inzwischen bei fast 500 angekommen ist.

Die Erfolgsstory hat zum einen mit dem vielfältigen Programm zu tun, das für Konzerte, Kabarett, Theater, Lesungen und Führungen an verschiedenen Orten in der Gemeinde sorgt. Zum anderen punktet der Verein, der sich auch um Denkmalpflege und Ortsgeschichte kümmert, mit der eigenen Kulturscheune am Oberen Markt. Liebevoll wurde sie von den Mitgliedern renoviert und zu einem attraktiven Treffpunkt gemacht.

Die 1820 errichtete Scheune gehörte zu einem Bauernhof aus dem Jahr 1805. Nebenan war ab 1877 der Gasthof »Goldener Anker« ansässig – lange das einzige Wirtshaus im Umfeld. Rund 20 Veranstaltungen speziell der geselligen Art gehen zwischen den Fachwerkmauern der Kulturscheune heute pro Jahr über die Bühne. Beliebt ist die Location auch für Geburtstagsfeiern, Hochzeiten und andere Feste bis 70 Personen. Ein Klassiker ist der Bluesfrühschoppen unter freiem Himmel. Kultcharakter genießt das Brotbacken im 200 Jahre alten Backhäuschen, das seit 1993 regelmäßig angeschürt wird.

Dank einer älteren Bäuerin, die sich an das Rezept aus ihrer Kindheit erinnerte, wurde eine urfränkische Spezialität wiederbelebt: der »Broutkoung«. Dabei handelt es sich nicht um einen Kuchen, sondern um einen runden Fladen, der wie eine Pizza mit Speck, Zwiebeln, Käse und Gewürzen belegt und dann in den mit speziellem Holz auf bis zu 700 Grad Celsius angeheizten Backofen geschoben wird. Alle Jahre wieder am Kirchweihsamstag im September. Sehr zur allgemeinen Begeisterung.

Adresse Oberer Markt 19, 90562 Heroldsberg, www.kulturfreunde-heroldsberg.de | ÖPNV RB21, Haltestelle Heroldsberg | Öffnungszeiten Infos zum Programm unter Tel. 0911/5187535 oder auf der Website | Tipp Am Unteren Markt in Heroldsberg gibt es an der Hauptstraße mehrere gute Gasthäuser – als Aushängeschilder gelten das Restaurant Sosein, der Gasthof Rotes Ross und das Restaurant Freihardt.

38 Schwan Stabilo

Greller Boss im schwarzen Kubus

Für die Gemeinde Heroldsberg war es ein Glücksfall, aber im Nürnberger Rathaus wird der Wegzug von Schwan Stabilo anno 1995 heute noch sehr bedauert. Weil für den Schreibgeräte- und Kosmetikhersteller, dem es in Maxfeld zu eng geworden war, kein passendes Ersatzgrundstück zu finden war, verlegte das 1855 gegründete Familienunternehmen seinen Sitz in die zehn Kilometer nördlich gelegene Marktgemeinde. Platz spielte auf der grünen Wiese am nordwestlichen Rand von Heroldsbergs keine Rolle.

Weiße Bürogebäude und Werkhallen mit roten Einsprengseln haben sich passend zu den Firmenfarben breitgemacht. Produziert werden hier aber nur Kosmetika, die Stifte entstehen in Weißenburg. Neben der Kantine wird ein großzügiger Garten gepflegt, und die Betriebskinderkrippe »Colorland« gilt als soziales Aushängeschild mit Blick auf die Vereinbarkeit von Familie und Beruf. Zudem hat man sogar einen direkten Anschluss ans Schienennetz: Nach langem Ringen wurde 2002 direkt hinter dem Firmenkomplex der Haltepunkt Heroldsberg Nord für die Regionallinie zwischen Nürnberg Nordost und Gräfenberg geschaffen.

Der Jubel darüber ist mittlerweile verklungen. Wegen vieler Unzuverlässigkeiten der RB21 ging die Anzahl der Firmenabos zurück, im Gegenzug ist der Großparkplatz am Schwanweg für die über 1.300 Beschäftigten am Standort Heroldsberg wieder gut gefüllt. Davor ist rechter Hand 2015 ein mutiges Stück moderne Architektur entstanden, das völlig aus dem Rahmen fällt: der außen schwarze und innen bunte »STABILO cube«, geplant vom Büro mvm+starke architekten.

Der Kubus ist auch das einzige Gebäude der Schwan-Stabilo-Welt, in das man als Externer ohne Voranmeldung gelangt. Im knallroten Werksverkauf gibt es Stifte aller Art – vom Fineliner bis zum legendären grellen Stabilo-Boss-Marker – und: Rucksäcke! Merke: Familie Schwanhäußer ist auch im Bereich Outdoor aktiv.

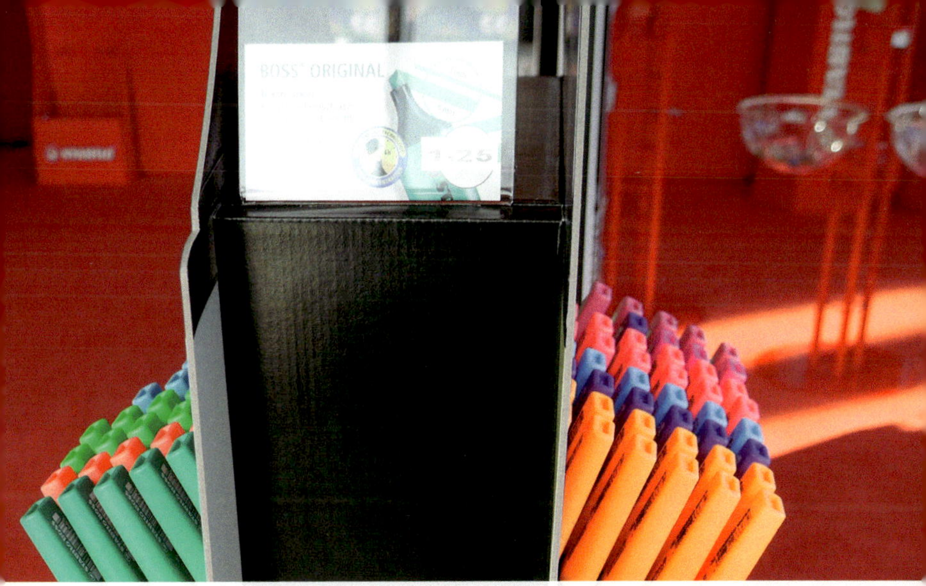

Adresse Schwanweg 1, 90562 Heroldsberg, www.schwan-stabilo.com | ÖPNV RB21, Haltestelle Heroldsberg Nord | Öffnungszeiten Mo–Fr 9–17 Uhr | Tipp Rund um Heroldsberg gibt es viele schöne Wanderwege durch den Wald, ob nach Oedenberg und Tauchersreuth oder in Richtung Kalchreuth und Nürnberg-Buchenbühl. Der Forst ist im Sommer immer wieder ein wahres Heidelbeer-Paradies.

39_Die Tempo-Plastik

Bye-bye, Taschentuch!

Taschentücher, Damenbinden, Klopapier, Windeln und Servietten: Das waren Produkte, die jahrzehntelang von den Vereinigten Papierwerken (kurz VP) hergestellt wurden. Die Brüder Emil und Oskar Rosenfelder hatten das Unternehmen 1906 in Nürnberg gegründet und 1910 nach Heroldsberg verlagert. Die Marken Camelia und Tempo gingen um die Welt, doch die Nazis setzten ab 1933 die jüdischen Unternehmer unter Druck und zwangen sie, die VP im April 1934 an Gustav Schickedanz zu verkaufen. Die in die USA emigrierten Rosenfelder-Brüder erhielten erst um 1960 eine Entschädigung. Zu dieser Zeit hatte der Quelle-Chef, der 1949 als »NS-Mitläufer« zu einer milden Strafe von 2.000 Mark verurteilt worden war, die VP schon längst wieder übernommen und zu einem florierenden Betrieb gemacht. 1955 wurden eine Milliarde Tempo-Taschentücher hergestellt.

Die zunehmende Konkurrenz auf dem Weltmarkt brachte die VP, den größten Arbeitgeber der Marktgemeinde, in den 1980er Jahren in Schwierigkeiten. Nach Verlagerungen und Umstrukturierungen wurde 1993 der Standort Heroldsberg geschlossen, 1994 folgte der Verkauf an den US-Konzern Procter & Gamble. Lange machte sich eine Industriebrache breit, erst 2007 begann nach der Sprengung des Kamins der Bau der »Sunny Side«-Siedlung mit rund 200 Reihenhäusern für Familien.

Zum Happy End für Heroldsberg gehört auch das neue gläserne Rathaus, das östlich der Bahnlinie samt Bürgerzentrum und Gemeindebücherei errichtet wurde. Dort steht seit 2011 eine große Tempo-Plastik als Erinnerung an die wohl berühmteste Erfindung in der Gemeinde. Die Künstler Hannes Arnold und Klaus-Dieter Eichler haben das Muster eines aufgefalteten Taschentuchs im XXXL-Format auf rostigen dünnen Stahl übertragen. Ein wichtiges Stück Erinnerungskultur. Und schön, dass bei der Einweihung am 12. November 2011 mit Sir Ronald Grisson ein Verwandter der Rosenfelder-Brüder anwesend war.

Adresse auf der Rückseite von Bürgerzentrum und Rathaus in der Hauptstraße 104, 90562 Heroldsberg | ÖPNV RB21, Haltestelle Rathaus | Tipp In Heroldsberg gibt es auf dem ehemaligen VP-Gelände Straßen, die nach Oskar Rosenfelder und Gustav Schickedanz benannt sind. Wegen seiner NS-Verstrickungen wollte die damalige SPD-Bürgermeisterin Melitta Schön den in der Bevölkerung durchaus beliebten Quelle-Gründer nicht in dieser Form ehren, was für Kontroversen sorgte und als mitentscheidend gilt, dass Schön die folgende Bürgermeisterwahl mit vier Stimmen Abstand verlor.

40 Das Weiße Schloss

Welche eine Verwandlung!

Man reibt sich die Augen, wenn man sich dem Weißen Schloss nähert. Vorbei am schmiedeeisernen Tor leuchtet einem der Prachtbau mit den rotbraunen Fensterläden und dem achteckigen Turm entgegen, der ein klar gegliedertes Anhängsel aus Glas und Holz bekommen hat. Es verblüfft, wie wenig die moderne Architektur von Treppenhaus und Aufzug den Gesamteindruck belastet, ganz im Gegenteil.

Das Weiße Schloss ist eines von vier mittelalterlichen Geuder-Schlössern, die nah beisammen über dem Oberen Markt stehen. Die Namen Weiß, Rot, Gelb und Grün sollen auf die Farben der Fensterläden zurückgehen, was schon lange nicht mehr stimmt und auch nicht weiter stört. Mehrfach wurde das Weiße Schloss zerstört und wiederaufgebaut, 1702 wurde es mit dem Treppenturm versehen. 1928 kaufte es die Gemeinde, nutzte es zuerst als Kindergarten und bis 2005 als Rathaus.

Nach einer Denkpause wurde entschieden, ein besonderes Museum einzurichten. Der Um- und Anbau, der zwischen 2014 und 2016 stattfand, kostete 2,4 Millionen Euro, die Eröffnung war 2017. Seitdem wird im Erdgeschoss die Ortsgeschichte präsentiert, ein Stockwerk darüber hängen – oft verknüpft mit einer Sonderausstellung – Werke des fränkischen Nachkriegskünstlers Fritz Griebel, der lange in Heroldsberg gelebt hat und der erste Direktor der Nürnberger Kunstakademie war. Im zweiten Stock geht es um die Geschichte der Patrizierfamilie Geuder – auch im schmucken Trauzimmer, das mitunter für Lesungen genutzt wird.

Draußen lädt das Team des Schloss-Cafés die Besucher zum Verweilen auf hellblauem Mobiliar ein. Umgeben von Skulpturen, zu denen Günter Schmidt-Klörs dreiteilige »Delegation« gehört, hat man unter sieben selbst gebackenen Kuchen die süße Qual der Wahl. Bewährt hat sich der Schlossgarten bereits als lauschiges Plätzchen für Open-Air-Konzerte. Schön, wenn das architektonische Spiel von Alt und Neu auch musikalisch aufgegriffen wird.

Adresse Kirchenweg 4, 90562 Heroldsberg, www.weisses-schloss-heroldsberg.de | **ÖPNV** RB21, Haltestelle Heroldsberg | **Öffnungszeiten** Mi 10–13 Uhr, Fr–So 15–18 Uhr | **Tipp** Das Schlossbad direkt unterhalb des Weißen Schlosses ist im Sommer immer einen Besuch wert. Am Weißen Schloss führt auch der 3 Kilometer lange Kulturrundweg mit 24 Stationen vorbei, der mit einem gelben Löwenkopf und drei Sternen auf blauem Grund markiert ist. Ein Karte dazu gibt es im Heroldsberger Rathaus.

41 Die Bocchetta-Plastik

Beeindruckendes Mahnmal

Er wollte nie mehr nach Hersbruck kommen. Zu schmerzhaft, zu grausam, zu menschenverachtend war die Zeit, die Vittore Bocchetta hier erleben musste. Als Mitglied des italienischen Widerstands hatte man ihn im Juli 1944 in Verona verhaftet und ins Konzentrationslager Flossenbürg verschleppt. Im September 1944 brachten ihn die Nazis im Viehwaggon zur KZ-Außenstelle in Hersbruck. Der spätere Bildhauer und Hochschulprofessor war einer von 9.000 Zwangsarbeitern, die für den Bau der Doggerstollen bei Happurg eingesetzt wurden, mindestens 4.000 davon verloren ihr Leben. Als einziges Mitglied seiner Widerstandsgruppe überlebte Bocchetta das Lager, auf dem Todesmarsch der SS nach Dachau gelang ihm im April 1945 die Flucht.

In Hersbruck breitete man in der Nachkriegszeit lange Zeit den Mantel des Schweigens über die Verbrechen auf dem KZ-Gelände zwischen Amberger Straße und Flussbad. Erst die Facharbeit des späteren Journalisten Gerd Vanselow brachte 1983 das Erinnern in Gang. Dem 1999 gegründeten Verein Dokumentationsstätte KZ Hersbruck gelang es, Kontakt zu Vittore Bocchetta zu knüpfen, der honorierte, dass engagierte Leute in Hersbruck die NS-Vergangenheit aufarbeiten.

Als Konsequenz kam der Künstler sogar mehrfach zurück, trat als Zeitzeuge auf und schuf eine Plastik, die seit 2007 am Eingang des Rosengartens auf einem quadratischen Sockel steht. Dreieinhalb Jahre wurde nach dem passenden Standort gesucht. Bocchetta wollte nicht, dass sie direkt auf dem Areal des KZ-Außenlagers platziert wird. Die Bronzeplastik »Ohne Namen« zeigt eine entstellte, geschundene, gesichtslos gewordene Gestalt, die kaum noch etwas Menschliches hat. Je nach Lichteinstrahlung verändert sich die Oberfläche dieses Mahnmals, das Betrachtenden tief unter die Haut geht. Weitere Werke Bocchettas, der 2021 im Alter von 102 Jahren verstorben ist, sind im Hersbrucker Gymnasium zu sehen. Gut so.

Adresse am Rosengarten (bei der Amberger Straße), 91217 Hersbruck | ÖPNV RE41, Haltestelle Hersbruck | Tipp Auf dem gesamten früheren KZ-Gelände klären Infotafeln über das Konzentrationslager auf, neben dem Finanzamt stehen Gedenksteine. Im geplanten neuen Alten- und Pflegeheim soll es auch Orte des Gedenkens geben, die noch konzipiert werden. Zugleich ist eine technische und inhaltliche Überarbeitung der 2016 aufgestellten schwarzen Infobox geplant.

42 Das Hirtenmuseum

Globale Lockrufe

Es knarzt immer wieder kräftig, wenn man durch das Ackerbürgerhaus geht. Seit 1933 ist hier das einzige Museum Deutschlands für Hirtenkultur daheim. Ein schöner Ort im denkmalgeschützten Ensemble, zu dem ein großer Innenhof mit Garten und Backofen sowie die sanierte Scheune gehören. Dort ist im zweiten Stock seit Februar 2009 die Dauerausstellung »Mensch – Tier« zu sehen, die an über zehn Stationen Klein und Groß zum Mitmachen animiert. Eine Tastgalerie mit Wolle gehört ebenso dazu wie das lebensgroße Kuhmodell, an dem man das Einspannen ausprobieren kann.

Im historischen Teil des Museums begegnen den Besuchern Hirten aus aller Welt: in Trachten und mit Instrumenten, Peitschen, Schmuckstücken und Signalen für Mensch und Tier. Einen Schwerpunkt bildet die einheimische Hirtenkultur; man erfährt, dass Rinderhirten bis in die 1960er Jahre von den Gemeinden angestellt wurden, um die Kühe der Bürger zu hüten. Medizinisches Wissen war gefragt, aber auch handwerkliches Geschick, wie die Sammlung mit 400 bunt bemalten hölzernen Schellenbögen zeigt, die die Rinder auf der Weide um den Hals trugen.

Umgeben von Muh- und Mählauten wird einem ein Beruf nähergebracht, der auf dem ganzen Erdball verbreitet ist und als einer der ältesten der Menschheit gilt. Von Alaska über Portugal, von Afrika bis zum Hindukusch reichen die Beispiele in Lebensgröße. Flankierend sind per Knopfdruck die globalen Lockrufe zu hören. Hinter Glas sieht man bis zu 3,5 Meter messende Langhörner, in die geblasen wurde.

Besonders spannend ist die Bestandsaufnahme zur Vielfalt an Signaltönen rund um Hersbruck. Sie unterstreicht die Individualität der Hirten, die vonnöten war, um die Schafherden unterscheiden zu können. Sonderausstellungen, Führungen, Feste und das pädagogische Begleitprogramm ergänzen das Angebot. Unbedingt sehenswert ist der zwölfminütige Hirtenfilm von 1959, der unten in der Scheune zu sehen ist.

Adresse Eisenhüttlein 7, 91217 Hersbruck, www.deutsches-hirtenmuseum.de | ÖPNV RB30, RB41, RE32, Haltestelle Hersbruck | Öffnungszeiten Fr–So 10–16 Uhr, Infos zu Führungen unter Tel. 09151/2161 | Tipp Die Tradition der Turmbläser wird in Hersbruck noch immer gepflegt. Am Samstag um 18 Uhr und am Sonntag um 9.45 Uhr spielt regelmäßig ein Quartett oben am Rathausturm am Unteren Markt 1.

43 Die Adi-Dassler-Skulptur

Der Schuster vor dem Ufo

Den Schuh mit den drei Streifen und sechs Stollen hält er fest in der linken Hand, die rechte ruht auf dem rechten Knie. Voll konzentriert ist sein Blick nach rechts gerichtet. Es wirkt, als würde er ein bisschen wie auf Kohlen sitzen. Könnte gut sein, dass er gleich aufsteht und einem Fußballer den Schuh in die Hand drückt. Wie damals bei der Weltmeisterschaft 1954 in der Schweiz, als sein neuer Schraubstollenschuh Furore machte.

Adi Dassler, der Gründer der zweitgrößten Sportartikelfirma der Welt, sitzt hier unter freiem Himmel auf einer langen, lehnenlosen Holzbank. Und hinter ihm scheint ein riesiges Ufo gelandet zu sein, so abgefahren sieht das auf schräg stehenden Stelzen ruhende Gebäude aus. Darin befindet sich die 2019 eröffnete Unternehmenszentrale von Adidas, mit der die »World of Sports« auf dem 59 Hektar großen Herzo-Base-Gelände vollendet wurde – dort, wo zuvor ein Luftwaffenstützpunkt der US-Armee war. Eine Milliarde Euro wurde hier seit 1999 investiert.

Die lebensgroße Bronzefigur stammt vom Bildhauer Josef Tabachnyk, der in Nürnberg so ähnlich bereits Willy Brandt verewigt hat. Dassler hat etwas Burschikoses, erinnert an einen tüftelnden Handwerker, der seinen eigenen Kopf hat. Dazu passt, dass ihm eine Kapitänsbinde in den Regenbogenfarben um den linken Oberarm gebunden wurde. Gern würde man ihn fragen, wie ihm die Adidas-Welt gefällt. Und etwas nachbohren, was denn der wahre Grund dafür gewesen ist, dass er und sein Bruder Rudolf sich nach dem Zweiten Weltkrieg zerstritten haben, wodurch im kleinen Herzogenaurach mit Adidas und Puma 1948 zwei Sportartikel-Giganten entstanden sind.

Das Stuttgarter Architekturbüro Behnisch, das die futuristischen Olympia-Sportstätten 1972 in München gestaltet hat, integrierte im neuen Adidas-Campus vom Hallenbad bis zur Laufstrecke viele Zuckerl für die Belegschaft. Das hätte Adi Dassler bestimmt gefallen.

Adresse Adi-Dassler-Straße 1, 91074 Herzogenaurach | **ÖPNV** Bus 200, Haltestelle Herzo Base/Adi-Dassler-Straße | **Tipp** Der Schusterbrunnen des Bildhauers Theo Steinbrenner thematisiert seit 2008 den Bruderstreit von Adolf und Rudolf Dassler in einem mehrteiligen Kunstwerk. Es zeigt einen Schuster bei der Arbeit, flankiert von je zwei Figuren beim Tauziehen. Wenn im Sommer 2023 das Rathaus in das sanierte Schloss zurückzieht, wird der Brunnen wieder im Schlosshof zu bewundern sein.

44 Der Fehnturm

Ein besonderer Ausguck

Seit über 600 Jahren hält er Wache am östlichen Rand der Altstadt: der 28 Meter hohe Fehnturm, benannt nach der Familie, die lange Jahre die Gastwirtschaft neben dem Turm führte. Wegen der Wetterfahne hieß er zeitweise Fähnleinsturm und später Museumsturm, weil hier 1908 auf mehreren Etagen das erste Stadt- und Heimatmuseum von Herzogenaurach eingerichtet wurde.

Die Geschichte des ehemaligen Wach- und Verteidigungsturms mit dem quadratischen Grundriss und den markanten Buckelquadern aus Sandstein hat noch mehr zu bieten, dienten die Gemäuer doch sogar einmal als Bürgergefängnis. Tja, und obwohl der Kern des fünfgeschossigen Bauwerks bis ins 13. Jahrhundert zurückreicht, diskutierte das Rathaus zwischenzeitlich über den Abriss.

Der Denkmalschutz schob diesem Vorhaben schließlich einen Riegel vor. So fungierten die Räume mit den vier sogenannten Scharwachttürmchen oben unter dem Pyramidendach geraume Zeit als Jugendtreff, dem man sich durch ein ziemlich enges Treppenhaus näherte. Nicht zuletzt aufgrund von Bedenken von Feuerwehr und Brandschutz knipste die Stadt das schummrige Disco-Intermezzo im Fehnturm aus. Heute gibt es alljährlich die Möglichkeit, während des Altstadtfestes am Wochenende nach Fronleichnam von diesem besonderen Ausguck auf den historischen Stadtkern zu blicken, was ebenso bei Führungen des Heimatvereins möglich ist.

Im Turm hängt übrigens ein eiserner Adler an der Mauer, der als obskure Hinterlassenschaft der NS-Zeit gilt. Draußen vor der Tür stößt man auf andere Spuren der Vergangenheit: Der Zugang befand sich früher in Höhe des oberen Bogenfensters, weil der Fehnturm in die Stadtmauer integriert war, inklusive einer Zugbrücke über den Stadtgraben. Erst um 1731 wurde die ebenerdige Tür in das zwei Meter starke Mauerwerk gebrochen. Die schwere Eisentür stammt aus der Pfarrkirche, wo sie einst die Sakristei verschloss. Wer hätte das vermutet?

Adresse Hauptstraße 19, 91074 Herzogenaurach | ÖPNV Bus 201, Haltestelle Herzogenaurach Badgasse | Öffnungszeiten nur bei Führungen des Heimatvereins und beim Altstadtfest zugänglich, Infos unter Tel. 09132/8000 oder www.heimatverein-herzogenaurach.de | Tipp Ein Spaziergang durch die Altstadt, die zum Teil Fußgängerzone ist, lohnt sich. Am westlichen Rand befindet sich der Türmersturm am Oberen Tor. Er ähnelt baulich dem Fehnturm, bekam aber 1724 eine Welsche Haube auf das Pyramidendach gesetzt.

45 Der Lothar-Matthäus-Sportplatz

Verbeugung vor Loddar

Es gab Zeiten, in denen Lothar Matthäus selten in seiner Heimatstadt auftauchte. Der Fußballstar, Jahrgang 1961 und mit 150 Einsätzen unangefochtener Rekordspieler der deutschen Nationalmannschaft, tingelte als Trainer, Kolumnist und TV-Experte durch die Welt und war in den Klatschspalten sehr präsent. Doch seit etwa zehn Jahren zieht es ihn aus familiären Gründen wieder häufiger nach Herzogenaurach. Und zum 1. FC Herzogenaurach, für den er von 1972 bis 1979 antrat und 2017 sein letztes Punktspiel bestritt – 16 Jahre nach dem Ende seiner Profikarriere bei den New Yorker MetroStars.

Beim FCH wurde Matthäus zum Ehrenspielführer ernannt, und man richtete dem Weltsportler von 1990 in der »Heimkabine« des Sportheims eine blaue Erinnerungswand ein, auf der seine größten Erfolge notiert sind. Ein blau-schwarzes FCH-Trikot mit der Nummer 10 gehört ebenso dazu wie der Loddar in Lebensgröße – als dynamischer Lenker mit enger Ballführung, versteht sich.

Nebenan erinnert das Rudolf-Dassler-Sportfeld an den Gründer der Sportschuhfirma Puma, die in den 1970er Jahren auch Borussia Mönchengladbach finanziell unterstützte. Dank dieser engen Verbindung wechselte Matthäus 1979 an den Bökelberg, wurde ein Jahr später Nationalspieler und startete eine Weltkarriere, die ihn auch nach München und Mailand führen sollte. Dass der kleine Lothar einst zum FCH und nicht zur ASV-Konkurrenz ging, war klar, da sein Vater in der Zentrale von Puma als Hausmeister arbeitete. Im neuen Firmensitz begegnet man Matthäus, dem »King aus der Heimat«, bei den Legenden, die in der gläsernen Brücke versammelt sind. Eine öffentlich sichtbare Verbeugung gibt es mit dem Kunstrasenplatz, der 2017 nach Lothar Matthäus benannt wurde. Der Loddar dankt es der FCH-Jugend mit Spenden und Zeit, indem er das Training einer Mannschaft leitet, wenn er im Lande ist.

Adresse Am Weihersbach 1, 91074 Herzogenaurach, www.fch-fussball.de | ÖPNV Bus 276, 277, Haltestelle Herzogenaurach Festplatz | Tipp Auf der anderen Seite des Geiersbergs ist Am Weiersbach 4 der ASV Herzogenaurach ansässig, traditionell der von Adidas unterstützte Verein, der im Fußball mittlerweile unterklassig spielt. Als Herzogenaurachs Aushängeschild gilt inzwischen der American Football mit den Teams der »Herzo Rhinos«.

46__Die Schaeffler-Plastik

20.000-fach vergrößert

Schaeffler, Adidas und Puma sind die »großen drei« der Herzogenauracher Wirtschaft. Da die Schaeffler-Gruppe am Ort mit rund 9.000 Beschäftigten klar vor Adidas (3.600) und Puma (fast 1.000) liegt, wird sie bei städtischen Meldungen stets zuerst genannt. Im Rathaus weiß man um die Empfindlichkeiten. Deshalb stand die Kommune ziemlich unter Zugzwang, als Puma im April 2015 einen Kreisverkehr mit großem Firmenlogo in der Mitte einweihte. Da Adidas damals schon zwei Kreisverkehre (vor der Altstadt und dem Outlet in der »Herzo Base«) mit Fußbällen bestückt hatte, wollte der große Zulieferer für Autos und vieles mehr, was sich in der Industrie bewegt, auch sichtbar im öffentlichen Raum vertreten sein.

Anfang Dezember 2016 wurde der Wunsch in der Erlanger Straße kurz nach Niederndorf an der Ortseinfahrt von Herzogenaurach erfüllt: Eine Schaeffler-Plastik in Form eines käfiggeführten Nadellagers steht in Sichtweite der lang gezogenen Werkshallen, eingebettet in einen Grünstreifen in Höhe des Berufsbildungszentrums. Das Original des dargestellten Produkts der Baureihe HK 6032 hat einen Durchmesser von 60 Millimetern, ist 32 Millimeter breit und wiegt 136 Gramm. 1950 hat Georg Schaeffler es zum Patent angemeldet, was als Beginn der Erfolgsgeschichte des Unternehmens gilt.

An der Erlanger Straße wurde das Nadellager 20.000-fach vergrößert: Vier Tonnen wiegt die Rundplastik, die mit Sockel 3,7 Meter hoch ist, 36 Nadeln besitzt und aus mit Glasperlen bestrahltem Edelstahl besteht. 500 Meter entfernt gründeten 1946 die Brüder Wilhelm und Georg Schaeffler ihren Firmensitz in Herzogenaurach. Die heutige Gesellschafterin Maria-Elisabeth Schaeffler-Thumann sieht das Kunstwerk und seinen Standort als »Symbol für ihr Unternehmen und dessen Grundlagen« sowie »als Signal, dass sich das Unternehmen mit der Stadt sehr verbunden« fühlt. So soll es sein.

Adresse an der Erlanger Straße kurz vor Niederndorf, Höhe Staatliches Berufsschulzentrum, 91074 Herzogenaurach | ÖPNV Bus 201, Haltestelle Herzogenaurach Hauptendorfer Straße | Tipp Seit Mai 2022 steht eine ähnliche Plastik vor der Hauptzufahrt des Schaeffler-Werks in Höchstadt an der Aisch. Mit ihrer Einweihung wurde dort die Werksadresse in Schaeffler-Platz 1 geändert.

47_Die Burg Hoheneck

Gute Aussichten

Der Blick aufs Aischtal ist phänomenal. Insofern war der felsige Vorsprung auf der Anhöhe prädestiniert für eine befestigte Anlage. Von 1132 stammt die erste Erwähnung der Burg Hoheneck, die mehrfach zerstört und wiederaufgebaut wurde. Auf zwei langen Holztafeln wird vor dem Eingangstor die Historie serviert, und man erkennt: Die Burg Hoheneck war oft ein Spielball der Machthaber und Möchtegern-Mächtigen. Raubritter, Markgrafen, Schwedenkönig Gustav II. Adolf und die Hohenzollern waren da. Und auch die Nazis trieben kräftig ihr Unwesen, mit Großveranstaltungen, Schulungen der SA und der Reichstierärztekammer sowie den unnötigen Gefechten kurz vor der Kapitulation.

Nach 1945 diente die Burg Hoheneck als Gefangenenlager. Nachdem die Stadt Nürnberg das Anwesen 1953 gekauft hatte, folgte die Verwendung als Kinder- und Erholungsheim – speziell für Schüler, die zu dünn waren oder eine schiefe Wirbelsäule hatten. Sechs Wochen verbrachten so manche Zweitklässler mit täglicher Gymnastik, Wandern, Übernachten im großen Schlafsaal und dem finalen Lagerfeuerabend.

1981 folgte der letzte große Einschnitt, als die Stadt Nürnberg die Burg dem Kreisjugendring überließ, der sie nach längeren Umbauten seit 1984 als Jugendbildungsstätte nutzt. Mit 80 Betten auf drei Etagen und Vollversorgung ist ein Leuchtturm des Lernens, Reflektierens und Nachdenkens entstanden. Gedacht ist er für Schulklassen, Jugendgruppen und Hauptamtliche in der Jugendarbeit, aber auch Orchester und kreative Neugierige sind willkommen, um zum Beispiel das Ukulele-Lagerfeuerdiplom zu erwerben.

Dächer und die freitragende Treppe über dem Rittersaal sind zuletzt saniert worden, zugleich schmiedet man Zukunftspläne für ein klimaneutrales Tagungshaus. Schade ist, dass die Burg aufgrund der vielen Seminare nur an drei Tagen im Jahr zu besichtigen ist. Aber der phänomenale Ausblick ist allein einen Besuch wert.

Adresse Jugendbildungsstätte Burg Hoheneck, 91472 Ipsheim, Tel. 9846/97170, www.burg-hoheneck.de | ÖPNV RE10 bis Neustadt/Aisch, dann RB81, Haltestelle Ipsheim | Öffnungszeiten Infos zu den drei Öffnungstagen im Jahr (Juni, Sept. und Dez.) und dem Kursprogramm auf der Website | Tipp Vom Parkplatz bei der Burg Hoheneck kommt man auf den 1996 angelegten »Ipsheimer WeinWanderWeg«, der rund um die Burg durch die Weinberge führt, die 1987 gepflanzt wurden. Seit 1999 gibt es ein Bewirtungshaus, das von Mai bis Oktober geöffnet ist (Infos bei der Gemeinde unter Tel. 09846/979710).

48 Die Dürer-Quelle

Meisterhafte Inspiration

Der große Meister war viel unterwegs. Außer den weiten Reisen nach Venedig und in die Niederlande unternahm Albrecht Dürer auch häufig Wanderungen in der Gegend rund um Nürnberg, um sich inspirieren zu lassen. Seine gemalten Ansichten von Heroldsberg und Kalchreuth sind ein Fingerzeig, dass er öfter mal nördlich seiner Heimatstadt spazieren ging. Um 1502 zeichnete er dabei nachweislich im Dormitzer Forst bei der Quelle des Heidgrabens. Die Skizze soll ihn zu seiner berühmten Federzeichnung »Quelle im Wald mit Antonius und Paulus« animiert haben, eine Überlieferung, die von Kunstexperten gestützt wird. Deshalb erhielt die Quelle bereits 1949, als das Forstamt Erlangen den Bereich neu einfassen ließ, den Namen Dürer-Quelle.

So richtig bekannt ist diese aber erst geworden, als der Forstbetrieb Nürnberg und der Verein Naherholungsgebiet Sebalder Reichswald im Jahr 2010 den Quellbereich grundlegend restaurieren ließen und zudem vor Ort eine Infotafel mit einer Kopie der Dürer'schen Zeichnung aufstellten. Da die Dürer-Quelle nicht nur Kunst-Fans in den Wald hinter Kalchreuth zieht, stehen für nicht so Eingeweihte die Lebensdaten des Meisters drauf. Die Einordnung seines Werkes liest sich so: »Die Kunst Albrecht Dürers markiert den Höhepunkt der Malerei am Ausgang des Mittelalters. Er entwickelte akkurate Zeichnungen zur Perfektion.«

Die Tatsache, dass es immer wieder Wanderer gab, die vergeblich nach der Dürer-Quelle suchten, hat zur Ausweisung des Dürer-Quelle-Rundwegs geführt, der drei Kilometer lang ist und hinter dem Sklavensee beginnt. Wer sich heute vor Ort umsieht, nimmt rund um den schmalen Graben das Spalier der Bäume, kontrastiert von Farnen, Sträuchern und bemoosten Baumstämmen, durchaus malerisch wahr. Nur die Stützmauer zum Weg sieht ganz anders aus als zu Dürers Zeiten. Das wäre ein guter Grund, dass ein junger Meister mal eine Zeichnung davon anfertigt.

Adresse am Heidgraben im Dormitzer Forst, 90562 Kalchreuth | **ÖPNV** RB21, Haltestelle Kalchreuth | **Tipp** Keine 200 Meter von der Dürer-Quelle entfernt befindet sich der sogenannte »Jungfernsitz« – eine alte Felsformation, um die sich teuflische Legenden ranken. Aber auch das Versprechen, dass Frauen, die sich in diese Mulde setzen, im nächsten Jahr heiraten werden.

49 Das Gasthaus Drei Linden

Regional und Tradition sind Trumpf

»Unter den Linden« in Kalchreuth? Bei dem Straßenschild denkt man sofort an die Prachtallee in Berlin-Mitte. Doch Jürgen Key hat es in der Nacht des 3. Oktober 1990 nicht dort abgeschraubt, als er die Feier zur deutschen Wiedervereinigung in der Hauptstadt miterlebt hat. Sie inspirierte ihn aber dazu, dieses Schild anfertigen zu lassen. Und nun befindet es sich eingangs des Gasthauses Drei Linden, das Key zusammen mit seiner Frau führt.

Seit über 100 Jahren ist das Anwesen in Familienbesitz. 1896 errichtete der Urgroßvater Georg Böhm das Sandsteinhaus mit den grün-weißen Fensterläden, das an der Schnittstelle der zentralen Verkehrsadern nach Kalchreuth liegt. Es hat sich wohl förmlich aufgedrängt, hier einen Gasthof zu eröffnen. Natürlich stehen drei Linden vor dem Haus, eine musste 1985 neu gepflanzt werden. Key lässt sie jedes Jahr zurückschneiden, damit sie gesund bleiben.

Von März bis Mitte Oktober zieht der Biergarten viele Radler und Wanderer an, die aus allen Richtungen kommen. »Traditionelle fränkische Küche und vieles, was in Vergessenheit geraten ist« heißt der kulinarische Ansatz, die fleischbetonte Speisekarte wird saisonal mit Pfifferlingen, Spargel oder Kirschen angereichert. Dabei reizt es den gelernten Koch, alte Rezepte auszuprobieren, in denen schon mal Grünkohl aus dem Knoblauchsland im Mittelpunkt steht. Regionale Produkte sind jedenfalls Trumpf, der eigene Kräutergarten liegt um die Ecke in der Erlanger Straße.

Die Früchte vom kleinen Kirschgarten und von der Streuobstwiese fließen auch in die Speisekarte ein. Da der Schwiegersohn von Beruf Brauingenieur ist, hat er für das »Drei Linden« ein Hausbier kreiert, das die Nikl-Bräu in Pretzfeld herstellt. Mit gestärkter Schürze serviert der Chef gern höchstpersönlich Speis und Trank. Seit der Coronapandemie gibt es neben hauseigenen Produkten auch viele Gerichte zum Mitnehmen.

Adresse Buchenbühler Straße 2, 90562 Kalchreuth, Tel. 0911/5188479, www.gasthausdreilinden.de | ÖPNV RB21, Haltestelle Kalchreuth | Öffnungszeiten Mi–Sa 11.30–23.30 Uhr, So 11.30–16.30 Uhr | Tipp Eine kulinarische Alternative ist der alte Landgasthof »Zum Roten Ochsen« in der Weißgasse 10–12, der mit einem kleinen Hotel verbunden ist. Kulinarisch ist »junge fränkische Küche« angesagt, und es führt sogar ein »Roter Ochse«-Wanderweg hin (www.roter-ochse-kalchreuth.de).

50 Der Kirschgärten-Weg

Süßes und Saures

Die Kirschen sind ihr ganzer Stolz. Das ist nicht zu übersehen, wenn man in Kalchreuth spazieren geht. Die Lage auf dem Plateau nördlich von Nürnberg ist einfach ideal für Streuobstwiesen und Kirschen, die in der exponierten Sonnenlage besonders gut reifen. Historisch gesehen stammt die Frucht aus dem Kaukasus und wurde vom römischen Feldherrn Lucullus nach Rom gebracht, wo der Siegeszug der rundlichen roten Frucht begann. Mönche vom Kloster Weißenohe nahmen sie vor 800 Jahren mit nach Kalchreuth. Um 1800 gab es bereits 100 Kirschgärten, 1855 besuchte das bayerische Königspaar einen besonders schönen an der Erlanger Straße, um »das edle Obst« selbst zu pflücken, wie überliefert ist.

Bei der Obstbaumzählung wurden im Jahr 1900 insgesamt 9.500 Obstbäume und davon 3.900 Kirschbäume gezählt, 1965 waren es 20.000 Obstbäume, 8.000 davon mit Kirschen. Durch den Bauboom reduzierte sich der Bestand bis 1990 auf die Hälfte. Vor allem durch Initiativen des BUND Naturschutz kam es zu einer Rückbesinnung auf die Bedeutung dieser Kulturlandschaft. Um sie zu erhalten, schlossen sich Haupt- und Nebenerwerbslandwirte zu einer Anbietergemeinschaft zusammen. Man pflanzte für die Region typische Hochstämme nach und startete 2002 das Projekt »Natur die schmeckt – mit uns ist gut Kirschen essen«.

2004 wurde die Kirschen-Kirchweih Anfang Juli wiederbelebt und 2006 ein drei Kilometer langer Spaziergang durch die Kalchreuther Kirschgärten markiert – mit Infotafeln an sechs Stationen und sieben Mitmachangeboten wie Kirschgarten-Fern-Sehen oder einer Kirschsorten-Drehscheibe, spielerische Elemente für Klein und Groß. Einen Kirschblütenweg gibt es inzwischen auch.

Besonders schön ist es im April, wenn die Gegend um Kalchreuth in einem wunderbaren Rosa leuchtet. Und wenn im Sommer die Ernte stattfindet, sind alle auf den Beinen und sehr stolz auf ihr Kirschendorf.

Adresse Start beim Wanderparkplatz an der Erlanger Straße, 90562 Kalchreuth | ÖPNV RB21, Haltestelle Kalchreuth | Tipp In Sichtweite des Dorfplatzes, wo sich der östliche Startpunkt des Kirschgärten-Wegs befindet, steht die evangelische Kirche St. Andreas, die Werke von Adam Kraft und Michael Wohlgemut beherbergt. Sie bildet ein historisches Ensemble mit dem Haller'schen Wasserschloss – aktuell werden noch Spenden für die notwendige Generalsanierung gesammelt.

51 Der Kulturbahnhof

Viel Zug dahinter

Es hat nicht viel gefehlt, und das 1908 errichtete Bahnhofsgebäude wäre abgerissen worden. Doch dann kam 1998 der Denkmalschutz, und der ein Jahr später gegründete Verein »kubaka e.V.« (für Kulturbahnhof Kalchreuth) entwickelte ein Konzept für die Wiederbelebung des maroden Holzbaus. Acht Jahre dauerte der Umbau, der 50.000 Euro und 2.500 ehrenamtliche Arbeitsstunden verschlang. 2007 konnte der Verein auch die Immobilie von der Bahn erwerben.

Eine kleine Bühne wurde im früheren Gütertrakt mit Schiebetür gezimmert, wo die Decke freigelegt wurde und Platz für maximal 60 Besucher ist. Im kleinen Foyer mit Jazzfotos und Bücherregal dient der ehemalige Fahrkartenschalter als Theke, die zwei Toiletten sind am Rand der überdachten Sommerwartehalle. Jeder Quadratzentimeter wird genutzt – eindrucksvoll ist der »Thron« für Sound- und Lichttechnik, den Gründungsmitglied Peter Brill für sich eingepasst hat.

Er, seine Frau Hiltrud, die in der Gemeindebibliothek arbeitet, und ihr Sohn Jan, der als Profischlagzeuger einen guten Draht zur Jazz-Szene hat, sind tragende Säulen im Kulturbahnhof, der mindestens zehn Veranstaltungen pro Jahr durchführt. Die erste lief bereits 2001, 2004 beteiligte man sich am »Tag des offenen Denkmals«, die Skulpturenlese »Mont Cheri« war 2013 ein viel beachteter Höhepunkt.

Konzerte, kleine Theaterstücke, Büchercafé, Ausstellungen, Filmabende, Diavorführungen, Kreativkurse sowie Feste und auch private Feiern sind Fixpunkte im Kalender. Seit März 2009 sorgt »Jazz im Bahnhof« für ausverkaufte Abende. Die Reihe mit Talenten und bekannten Namen nähert sich der Nummer 120, und ein Ende ist nicht in Sicht. Drei Mal ist das »kubaka«-Team mit dem »Applaus«-Kulturpreis des Bundes für sein anspruchsvolles Programm ausgezeichnet worden. Dank der Städtebauförderung war in Coronazeiten auch Geld für einen neuen Anstrich der Holzfassade vorhanden.

Adresse Bahnhofstraße 2, 90562 Kalchreuth, Tel. 0911/5187806, www.kulturbahnhof-kalchreuth.de | **ÖPNV** RB21, Haltestelle Kalchreuth (direkt vor dem Kulturbahnhof) | **Öffnungszeiten** Programm siehe Website | **Tipp** Einen Kulturbahnhof gibt es auch in Ottensoos, dessen Bahnhofsgebäude 1858 an der Strecke von Nürnberg nach Amberg errichtet wurde. Seit August 2012 betreibt eine Stiftung, initiiert von der Künstlerin Renate Kirchhof-Stahlmann und dem Volkswirtschaftler Volker Stahlmann, die Einrichtung, die regelmäßig Veranstaltungen durchführt (Tel. 09123/6518, www.kulturbahnhof-ottensoos.de).

52 Der Sklavensee

Was für ein Name!

Bei diesem Namen wird man hellhörig. Sklavensee? Klingt nach einer dunklen Vergangenheit. Doch keine Sorge, Kalchreuth ist kein Fall für den Internationalen Strafgerichtshof in Den Haag, Organisierter Menschenhandel und Zwangsarbeit hat es hier nie gegeben. Wobei das Gewässer an der Straße nach Erlangen schon eine spezielle Geschichte hat. Es entstand in den 1960er und 70er Jahren, als Bauschutt am Kehlgraben gelagert wurde. Deshalb konnte das Wasser des Bachs vom »Weberbuckel« nicht mehr ablaufen, und in der Talsohle entstand langsam ein See, der heute einen Hektar groß und bis zu fünf Meter tief ist.

Zuerst nannte man ihn unspektakulär Grubweiher. Die große Frage war aber: Was sollte man mit ihm anfangen? 1981 tat sich ein gutes Dutzend Angler zusammen und kümmerte sich um die Angelegenheit. Sie säuberten das Wasser und fuhren viel Schutt weg. Und das soll einer, der besonders oft und viel schuftete, irgendwann als Sklavenarbeit empfunden haben. Was mehr aus Jux gesagt worden war, mündete in die Umbenennung des Grubweihers in Sklavensee.

Da die Wasserqualität mit der Zeit richtig gut wurde, tat sich der Fischereiverband Mittelfranken mit dem neuen Ableger in Kalchreuth zusammen. Im Sklavensee sah man eine gute Chance, auf die einheimischen Süßwasserfische aufmerksam zu machen. So ist ein Lehrpfad mit großen Schautafeln am Ufer entstanden, auf denen neben dem Karpfen auch Regenbogenforelle, Schleie, Hecht oder Zander vorgestellt werden. Zudem erhält man Infos über die Bedeutung der Teichwirtschaft in Mittelfranken, wo ca 81 Fischereivereine und 10.000 Hektar Teichfläche gibt. Als Herzstück gilt der Aischgrund mit allein 7.185 Teichen.

Ein Sklavensee ist dort nicht bekannt. Das gleichnamige Gewässer in Kalchreuth wirkt sehr gepflegt und verbreitet an lauen Abend beim Konzert von Fröschen, Kröten und Grillen ein romantisches Flair. Ideal für Liebespärchen.

Adresse Parkplatz neben der Staatsstraße 2243 nach Erlangen, 90562 Kalchreuth | ÖPNV RB21, Haltestelle Kalchreuth | Tipp Wer den Sklavensee googelt, stößt auf den Großen und den Kleinen Sklavensee. Diese befinden sich fern von Mittelfranken in Kanada. Auch dort hat der Name Sklavensee nichts mit der Sklaverei zu tun, sondern beruht auf einem historischen Fehler bei der Übersetzung des Indianervolkes Slavey, das in der Gegend siedelte. Statt Slavey hieß es dort slave – zu Deutsch: Sklave.

53 Die Dorflinde

Leuchtendes Vorbild

Die Dorflinde war die Rettung für Langenfeld – und der Anfang vom Ende einer Abwärtsspirale. Doch das ahnte im März 2007 noch niemand, als in der westmittelfränkischen 1.000-Seelen-Gemeinde der Zuschussbescheid für die EU-Fördergelder eintraf und ein Mehrgenerationenhaus errichtet werden konnte. Eine alte Scheune wurde um-, ein gläserner Neubau angebaut, und im Oktober 2008 gingen die Türen auf. Schnell spürten Bürgermeister Reinhard Streng und das ehrenamtliche Team um Petra Huprich und Monika von Dobschütz, dass ihr Konzept »Mitten im Dorf – Mitten im Leben« auf viel Wohlwollen stieß. Denn an einem zentralen Ort in der Gemeinde existiert seitdem wieder ein Treffpunkt für alle Generationen, in dem es täglich ein Mittagessen gibt, aber auch Kaffeeklatsch, Strickgruppen, Kartelrunden, Bewegungstanz, Sportangebote, Bürgerberatung und Arbeitskreissitzungen.

Das hat sich herumgesprochen. Die Dorflinde erhielt bundesweit mehrere Preise. Sie wurde 2009 zum »Leuchtturmhaus« für den ländlichen Raum ernannt, und im März 2013 kam sogar die damalige Bundeskanzlerin Angela Merkel zu Besuch, um sich vor Ort selbst ein Bild zu machen. Die Anerkennung motivierte zum Weitermachen, weshalb weitere Projekte hinzukamen. Vier barrierefreie Wohnungen, Tagespflege und eine ambulant betreute Wohngruppe entstanden um die Ecke, sodass ältere Menschen dableiben können, wenn sie auf Pflege angewiesen sind.

Ein weiterer Meilenstein ist das Dienstleistungszentrum, das 2016 realisiert wurde. Neben Arzt- und Physiotherapie-Praxis, Bank- und Backfiliale residiert hier die kleinste Tegut-Filiale der Republik unter dem Namen »Dorfladen«. Mit dem Slogan »Miteinander – Füreinander« ist Langenfeld übrigens gut durch die Coronapandemie gekommen, als die Dorflinde rasch einen Essenslieferservice für 60 Menschen organisierte. Das zeigt: In einer Gemeinde geht viel mehr, als manche glauben. Chapeau!

Adresse Flößleinstraße 6, 91474 Langenfeld, www.dorflinde-langenfeld.de | **ÖPNV** S6 bis Neustadt/Aisch, dann Bus 141, Haltestelle Langenfeld Bahnhofstraße | **Öffnungszeiten** Mo, Mi, Fr 11–14 Uhr, Di 9–16 Uhr, Do 11–16 Uhr | **Tipp** Die Langenfelder sind mit ihren Projekten noch lange nicht am Ende: 16 Wohneinheiten sollen in leer stehenden Bauernhöfen entstehen, und ein neuer Getränkemarkt ist auch in Planung.

54 Der Gedenkstein für das Gestapo-Lager

Späte Erinnerung an die NS-Verbrechen

Es hat fast 65 Jahre gedauert, bis der Gedenkstein kam. Im Oktober 2009 wurde er auf halber Höhe am Rand der Veit-Stoß-Straße in eine Nische gesetzt – zur Erinnerung an das menschenverachtende Lager für ausländische Zwangsarbeiter, das die Geheime Staatspolizei ab 1943 hier betrieb. Mindestens 100 Inhaftierte starben, nachdem sie hingerichtet oder brutal misshandelt worden waren, und niemand half ihnen, als sie im Sterben lagen. Beschämend.

»Zur Mahnung für heute und in die Zukunft wollen wir Nachkommen stellvertretend um Vergebung bitten«, steht im Namen der Bürger von Langenzenn auf der silbernen Platte, die schräg auf dem Granitstein angebracht ist, damit es alle lesen können, die hier vorbeilaufen. Die Fläche des Lagers ist höchstens zu erahnen, Gewerbehallen finden sich heute dort hinter dem Zaun. Die Gefangenen kamen aus Polen, Russland und Westeuropa und wurden vor allem in der Ziegelfertigung eingesetzt. Die hygienischen Bedingungen und die Nahrungsversorgung waren miserabel, dennoch zwang die Gestapo die Gefangenen zu anstrengenden körperlichen Tätigkeiten. Erst am 16. April 1945 wurden sie befreit, als die US-Streitkräfte Langenzenn einnahmen.

Der Autor Fritz Stiegler hat in seinem Roman »Valentina« das Gestapo-Lager in Langenzenn aufgegriffen. Die Geschichte einer ukrainischen Zwangsarbeiterin, die bei einem Ernteeinsatz flieht und durch die Zivilcourage einer Bauernfamilie überlebt, beruht auf einer wahren Geschichte. Joachim Mensdorf, der langjährige Leiter des Langenzenner Wolfgang-Borchert-Gymnasiums, hielt die Erinnerungen von ehemaligen Zwangsarbeitern, die 2010 an den Ort des Schreckens und der Erniedrigung zurückkehrten, in einem Buch fest.

Am Gedenkstein liegen fast immer Blumen. Das spricht für seine Bedeutung – als Ort der Trauer.

Adresse an der Veit-Stoß-Straße, 90579 Langenzenn | **ÖPNV** RB12, Haltestelle Langenzenn | **Tipp** »Mitgemacht« hieß 2022 eine Ausstellungsreihe der Heimatvereine und Museen im Landkreis Fürth. Ein wichtiges Projekt für Langenzenn, Roßtal, Wilhermsdorf, Zirndorf, Cadolzburg und Oberasbach, bei dem auf die Täter in der NS-Zeit geblickt wurde. Fortsetzung folgt.

55 Der Klosterhof

Ideal für Komödien

Wenn im Klosterhof im Frühsommer die Bühne aufgebaut wird, kommt wieder Leben in das Karree mit dem schönen Kreuzgang. Für das Laienensemble der Klosterhoffestspiele, das monatelang geprobt, gebastelt, genäht und am Text gefeilt hat, wird es langsam ernst. Es wächst die Vorfreude auf den Moment, wenn Ende Juni abends das Licht ausgeht und vor vollen Zuschauerreihen »Pygmalion« aufgeführt wird, wie im Sommer 2023.

Seit 42 Jahren wird der Klosterhof im Sommer zum Freilufttheater. Der Auslöser war 1981 das 100-jährige Bestehen des Langenzenner Heimatvereins, das man in Form einer Komödie feierte. »Der Tag von Cenna« wurde mit der Geschichte Langenzenns verwoben. Ein Heidenspaß! Hinterher wollten alle, dass es weitergeht – mit einer Komödie pro Jahr, dargestellt von Laienakteuren und unter Leitung eines professionellen Regisseurs.

Klassiker von Molière, Kleist, Goldoni und Shakespeare wurden schon inszeniert und Publikumsrenner. Nach zehn Jahren gründete man einen Verein, um den ganzen organisatorischen Aufwand zu bewältigen. Die Langenzenner Truppe wurde zu einer Institution in der Sparte Amateurtheater in der Metropolregion Nürnberg. Und weil man ab und zu eine neue Herausforderung braucht, kamen 2002 die »Klostermäuse« als eigenes Kindertheater dazu.

Ob »Dornröschen«, »Peter Pan«, »Urmel aus dem Eis«, »Die kleine Hexe«, »Das Sams« oder »Der Räuber Hotzenplotz«: Alle Aufführungen kamen gut an und zogen über 5.000 Besucher pro Sommersaison an. Die Nachwuchstruppe als Schmiede für das Erwachsenenensemble – ein schöner Nebeneffekt. Im Sommer 2023 wird »Pinocchio« aufgeführt. Als Spielstätte wird der Klosterhof auch von der Hans-Sachs-Spielgruppe Langenzenn genutzt – insgesamt eine rundum schöne Erfolgsgeschichte. Sie macht die alte Klosteranlage der Augustiner-Chorherren aus dem Jahr 1409, die bereits 1537 säkularisiert wurde, quasi zu einem neuen Heiligtum.

Adresse Prinzregentenstraße 2, 90579 Langenzenn, www.klosterhofspiele.de | ÖPNV RB12, Haltestelle Langenzenn | Tipp Der Heimatverein Langenzenn betreut seit 1976 im historischen Gebäude in der Prinzregentenstraße 15 das Heimatmuseum, das jeden ersten Sonntag im Monat von 14 bis 16 Uhr geöffnet ist. Zudem werden Stadtführungen, Ausflüge und das traditionelle Kellerfest im Frühsommer veranstaltet (www.heimatverein-langenzenn.de).

56_Der Marktbrunnen

Sprudelnde Hintergedanken

Man muss genau hinschauen. Denn der Bildhauer und Architekt Uli Olpp aus Kirchensittenbach hat sich viele Gedanken gemacht, als er 2005 am Wettbewerb für den neuen Marktbrunnen teilnahm. Ausgangspunkt war die Umgestaltung des Prinzregentenplatzes, der in der S-Kurve zwischen Hindenburgstraße und Friedrich-Ebert-Straße das Verbindungsstück bildet. In Erinnerung an einen Brunnen, der bis 1928 hier stand, war ein belebender Akzent gewünscht.

Olpp tauchte tief in die Geschichte ein, ließ sich von der alten Brunnenform inspirieren, entschied sich für einen großen viereckigen Trog mit Mittelsäule für die Fontäne und setzte ein kleines rechteckiges Becken davor, in dem das Wasser aus dem Trog über drei Rinnen landet. Olpp bekam den Auftrag, am 19. April 2008 wurde der Marktbrunnen eingeweiht.

Ansprechend ist er auf vielerlei Art. Das fängt bei den Außenseiten des Trogs an, die mit drei Bronzetafeln verkleidet sind, auf denen Olpp in kunstvollen Lettern Passagen über die Stadt-, Siedlungs- und Kirchengeschichte sowie die Geologie Langenzenns aufgetragen hat. So erfährt man beim genaueren Hinschauen, dass sich der Brunnen auf circa 312 Meter Höhe befindet.

Die Texttafeln haben nach bald 15 Jahren schon ganz schön weiße und bläuliche Patina angesetzt, doch die Spurenelemente des Wassers bereichern das Brunnenensemble und gehörten durchaus zum Ausgangskonzept für einen lebendigen Brunnen. Die abstrakte, züngelnde Form der Mittelsäule, aus der das Wasser im hohen Bogen aus fünf geballten Fontänen ins Becken klatscht, hat Olpp in Anlehnung an einen verheerenden Band am Unteren Markt gewählt. Je länger man davor sitzt, desto plausibler klingen die sprudelnden Hintergedanken.

Kinder finden den Marktbrunnen gelungen, weil er viele Ansätze für eigene Wasserspielideen bietet. Und dank des kleinen Beckens können auch Hunde im Hochsommer mal einen Schluck trinken. Na, denn Prost!

Adresse Prinzregentenplatz, 90579 Langenzenn | **ÖPNV** RB12, Haltestelle Langenzenn | **Tipp** Mit dem Kulturhof gibt es in Langenzenn seit Herbst 2021 in der Hindenburgstraße 32 einen neuen Veranstaltungsort mit Theater, Musik, Kunst, Literatur, Kino, Bildungsangeboten und einem Café, das mit selbst gebackenen Kuchen lockt (www.kulturhof-langenzenn.de).

57 Die Zennoase

Ellenlange Spielplatzperlenkette

Die letzte Errungenschaft war ein echter Kraftakt. Sechs Jahre dauerte das Planen, Abstimmen und Bauen, bis im Juli 2022 die Boulderanlage für 200.000 Euro eröffnet wurde und der große Wunsch der kleinen und großen Klettermaxe vom Jugendhaus »Alte Post« in Erfüllung ging. Nun steht die lang gezogene Kletterwand aus Spezialbetonsteinen, die von der Lausitzer Felsenmanufaktur stammen, in einem sanften Bogen neben der Zenn. Allzeit bereit für Boulder-Fans, die mit Händen und Füßen an den in der Höhe abgestuften und teils ganz schön steilen Felsen herumkraxeln.

Die Boulderfelsen bilden jedenfalls erst mal den Abschluss der »Zennoase«, wie der über 200 Meter lange Freizeitpark entlang der Försterallee heißt. Damit das Klettern reibungslos und absturzfrei abläuft, hat die Stadt eine Tafel mit 15 Regeln aufgehängt, die einiges über die latente Überängstlichkeit von Behörden verraten. Schließlich geht es hier vor allem um Rücksichtnahme und Selbstverantwortung sowie den Spaß, wie in großen Buchstaben immerhin am Ende zu lesen ist.

Beeindruckend ist auf alle Fälle, welche Bandbreite an Spiel- und Bewegungsangeboten sich keine zwei Minuten vom Stadtzentrum zwischen der historischen Stadtmauer und der Zenn angesammelt hat. Wie an einer ellenlangen Perlenkette reihen sich Attraktionen für Kinder jeden Alters, aber auch Fitnessgeräte für Ältere und kleine Ruhezonen aneinander. Ausgesprochen kreativ gemacht sind Balancier-, Kletter- und Rutschkombinationen, die Motive aus der Tier- und Pflanzenwelt aufgreifen. Prädikat: beispielhaft komponiert!

Ein Biergarten mit E-Bike-Ladestation sorgt dafür, dass man sich zwischen oder nach dem Herumtoben vor Ort stärken kann. Mit Blick auf die Zukunft steht zudem fest: Die »Zennoase« wird noch weiterwachsen, weil das Zenntal ein zentraler Ort der Landesgartenschau sein wird. Die findet aber erst 2032 statt.

Adresse Försterallee, 90579 Langenzenn | **ÖPNV** RB12, Haltestelle Langenzenn | **Öffnungszeiten** Mo–Sa 8–20 Uhr und So 9–20 Uhr (1. Mai–30. Sept. bis 21 Uhr) | **Tipp** Eine schöne Sommerattraktion für Familien ist das Naturbad im Schlauersbachtal bei Großhabersdorf. Neben einem Kinderbachlauf gibt es auch Spielplätze und ein Beachvolleyballfeld (www.grosshabersdorf.de).

58_Die Felsenkeller

Schweizer Käse mit Liebesbotschaft

Wer über den Laufer Marktplatz schlendert, ahnt nicht, dass die angrenzenden Häuser durchlöchert sind wie ein Schweizer Käse. Zehn Meter tief unter der Erde gruben die Laufer im 17. Jahrhundert wie die Weltmeister. Die Ersten fingen 1600 an, 1617 ist die früheste Jahreszahl, die jemand in den Fels geklopft hat. Bis zu zwei Meter hohe Gewölbegänge wurden in den Sandstein geschlagen, inklusive Nischen zum Lagern.

Der entscheidende Grund für das Graben der Felsenkeller war das Bier. 76 Braurechte hatte man in Lauf vergeben, entsprechend groß war der Bedarf an unterirdischer Lagerfläche. Da knapp über dem Grundwasser ganzjährig eine konstante Temperatur von um die acht Grad Celsius herrschte, waren die Felsenkeller dafür optimal geeignet. Von 1629 stammt die erste urkundliche Erwähnung mit Bestandsaufnahme über Besitzer, Größe und Zustand des jeweiligen Kellers.

Um 1680 waren fast alle Gänge fertig; sie sind aber nicht alle miteinander verbunden. Genutzt hat man sie bis zur Erfindung von Kühlmaschinen im 19. Jahrhundert. Die Felsenkeller wurden von den Hausbesitzern jedoch nicht zugeschüttet, weil sie in Kriegszeiten guten Schutz boten. Das war bereits im Dreißigjährigen Krieg der Fall gewesen. Auch während des Ersten und Zweiten Weltkriegs stiegen die Leute am Rand des Marktplatzes nach unten, danach gerieten die Keller zunehmend in Vergessenheit.

Der Verein der Altstadtfreunde kümmert sich seit 2014 darum. 395 Tonnen Bauschutt wurden hinausgekarrt. Mit Unterstützung von Hauseigentümern hat man einige Keller mit elektrischem Licht ausgestattet. Der Zugang für Führungen befindet sich bei der Commerzbank-Filiale, wo es über eine Wendeltreppe abwärts geht. Beim Marsch durch das Labyrinth stößt man auf Namen, Wappen und eine alte Liebesbotschaft in Herzform. 2.400 Quadratmeter sind auf der Nordseite zugänglich, auf der Südseite sind es erst wenige Keller. Das soll sich ändern.

Adresse Am Marktplatz, 91207 Lauf an der Pegnitz | **ÖPNV** S1, Haltestelle Lauf | **Öffnungszeiten** Führungen ganzjährig am 3. So im Monat, Treffpunkt um 15 Uhr an der Reichel'schen Mühle (Altdorfer Straße 77), Infos unter Tel. 09123/184174 | **Tipp** Eine Attraktion in Schwabach sind die Felsenkeller unter dem Pinzenberg, wo sich lange das Zentrum des lokalen Brauwesens befand. Das Kellernetz erstreckt sich über mehrere Etagen und auf insgesamt 18 Kilometer Länge. Bei Führungen kann es besichtigt werden (Infos unter Tel. 09122/860241).

59 Das Hersbrucker Tor

Auf zur Goldenen Straße

Spieglein, Spieglein, an der Wand, wer ist der schönste Torturm im fränkischen Land? Keine einfache Frage, denn Tortürme schossen einst um Nürnberg wie Pilze aus dem Boden. Alle wollten die schönsten bauen – ob in Herzogenaurach, Cadolzburg, Hersbruck, Gräfenberg, Windsbach, Altdorf oder in Lauf. Dort stehen bis heute zwei prächtige Exemplare, die Autos nur einspurig reinlassen, und durch die Fußgängerzone am östlichen Marktplatz hat sich der Durchgangsverkehr stark reduziert.

Im Westen am Unteren Tor begrüßt einen ein dreigeschossiger, langrechteckiger Sandsteinquaderbau mit Halbwalmdach und spitzbogiger Durchfahrt, den nur noch ganz oben rot-weiße Fensterläden auszeichnen. 1526 musste der Nürnberger Torturm aus dem 14. Jahrhundert letztmals erneuert werden. Er ist bis heute eine kantige, imposante Erscheinung, aber wenn es um die Schönheit geht, dann stellt ihn der Hersbrucker Torturm auf der Ostseite deutlich in den Schatten.

Dieser ist laut Denkmalliste ein quadratischer, viergeschossiger Sandsteinquaderbau mit einem pfiffigen Spitzhelmdach, das ihm eine markante Form verleiht. 1355 ist der Turm entstanden, 1476 hat er sein heutiges Aussehen erhalten. Mit seinen drei Paar Fensterreihen, die rot-weiße Fensterläden besitzen, grinst er allen entgegen, die aus der Altstadt gehen. Von der anderen Seite aus betrachtet wirkt er weniger schmuckvoll, doch umso selbstbewusster: Es grüßt das Laufer Stadtwappen von oben, wo die Bergwacht residiert.

Einst waren es die reichen Kaufleute aus dem Osten, die hier ankamen – denn die Goldene Straße nach Prag verlief über Lauf. Geschäftig geht es auch heute noch rund um den Hersbrucker Torturm zu. In direkter Nachbarschaft befinden sich außer einem Friseursalon und dem Wirtshaus »Zwinger-Melber« ein Einrichtungshaus, das skurrile »Fantastisches Lauf«-Karten im Sortiment hat. Eine zeigt die »Karawanserei Hersbrucker Tor« mit Kamelen. Wunderbar.

Adresse Marktplatz 27, 91207 Lauf an der Pegnitz | **ÖPNV** S1, Haltestelle Lauf | **Tipp** Das Hotel Garni »Zum Wilden Mann« am Marktplatz 21 befindet sich in einem Gebäude aus dem Jahr 1414, das eine ehemalige Fürstenherberge mit altfränkischer Hofanlage war und seit 1935 im Besitz der Familie Völkel ist. Der Kirchenreform-Märtyrer Jan Hus nächtigte hier einst mit 30 Begleitern auf dem Weg zum Konzil von Konstanz.

60__Das Industriemuseum

Arbeitswelten aus der Wirtschaftswunderzeit

Die Zeit im Pausenraum scheint eingefroren. Neben Essensboxen aus Alu stehen eine rote Thermoskanne und eine halb volle Bierflasche auf dem Holztisch, umgeben von Besteck, einem Aschenbecher und den »Nürnberger Nachrichten« von 1955. Rechts daneben warten Spielkarten auf die nächste Schafkopfrunde. Gleich müsste die Klingel die Arbeiter zum Essen rufen. Doch es bleibt still.

»Bitte nicht berühren«, liest man auf einem Schild. An der Wand steht, dass am Arbeitsplatz gefrühstückt wurde und nur Männer mittags den Speiseraum benutzten. Die Szene im ersten Stock wirkt so lebensnah wie die übrigen Räume der Ventilfabrik Dietz & Pfriem, die hier von 1911 bis 1991 produzierte. 1998 ging das Anwesen auf Wunsch des verstorbenen Chefs an die Stadt Lauf über, um der Nachwelt als Museum erhalten zu bleiben.

Dadurch bekam das angrenzende Industriemuseum, dessen Gründung 1992 auf viel ehrenamtliche Arbeit (wie der Altstadtfreunde Lauf) zurückgeht, eine ganz neue Dimension. Auf dem 3.600 Quadratmeter großen Gelände entlang der Pegnitz werden in 14 denkmalgeschützten Gebäuden frühindustrielle Technik und Arbeitswelten aus über einem Jahrhundert Industriegeschichte präsentiert. Eine große Tandem-Dampfmaschine und transmissionsbetriebene Spindelpressen stehen in den alten Werkshallen, wo es weiter nach Öl und Schmiere riecht. Man spürt, es könnte gleich wieder losgehen – was bei historischen Vorführungen auch geschieht.

Hautnah kann man beim Rundgang die alte Roggenmühle erleben und im Schaudepot in die Wirtschaftswunderzeit eintauchen. Neben Sonderausstellungen spielen Mitmachstationen für alle Generationen eine immer wichtigere Rolle, die durch grüne Markierungen leicht zu erkennen sind und oft mit dem Thema Nachhaltigkeit zu tun haben. Der Wasserspielplatz ist eine schöne Sommerattraktion für Kinder. Und im Herbst finden alle Jahre wieder die Dampfmodelltage statt – 2023 zum 25. Mal.

Adresse Sichartstraße 5–25, 91207 Lauf an der Pegnitz, www.industriemuseum-lauf.de | ÖPNV S1, Haltestelle Lauf | Öffnungszeiten Mi–So 11–17 Uhr, Winterpause Jan.–Ende März; Führungen, Kindergeburtstagsfeiern, Aktionen für Schulen und Kitas unter Tel. 09123/4060 trotzdem buchbar | Tipp Die schönste Aussicht auf die Stadt hat man vom Kunigundenberg aus, wo der gleichnamige Biergarten zur wärmeren Jahreszeit eine beliebte Anlaufstelle ist – Livemusik wird auch ab und zu geboten (www.kunigundenberg.de).

61 Die Schleifmühle

Scharf nur durch Wasserkraft

Es gibt ein paar Mühlen, die rund um Nürnberg überlebt haben. Aber eine funktionsfähige, in der noch Messer, Scheren, Sensen, Sägen, Äxte und sonstige Dinge, die nicht stumpf sein sollten, allein mit der Kraft des Wasser glatt geschliffen werden, die gibt es nach dem Stand der Dinge nur noch in Lauf direkt an der Pegnitz – und zwar die Reichel'sche Schleifmühle. 1541 wurde sie zeitgleich mit der Mauermühle errichtet, die aber nicht überdauert hat. Verwendet wurde sie laut Überlieferung vor allem zum Schleifen von land- und hauswirtschaftlichen Geräten.

Zu ihrem Namen kam die Schleifmühle ab 1890, als die Besitzerin den 20 Jahre jüngeren Schleifgehilfen Franz Xaver Reichel heiratete. Bis 1989 blieb sie im Besitz der Familie. Doch da der letzte Schleifer krankheitsbedingt bereits 1988 zu arbeiten aufhören musste und kein Nachfolger in Sicht war, schaltete sich der Laufer Verein der Altstadtfreunde ein und mietete 2004 die Schleifmühle.

Zwei Jahre lang wurde sie von Mitgliedern unter der Leitung von Baldur Strobel aufwendig saniert. Es hatte sich nämlich gezeigt, dass notwendige Renovierungen vom letzten Besitzer nicht mehr gemacht worden waren. Ein großer, zwei Tonnen schwerer Schleifstein musste von einem Gabelstapler und mit Unterstützung des Technischen Hilfswerk eingehoben werden. 2006 konnte der Betrieb der »Reichel'schen Schleif« als Museumsschleiferei beginnen. Ein Jahr später kaufte die Stadt Lauf das kleine Häuschen und übergab es dem Altstadtfreunde-Verein »zur Pflege und Betreuung« und mit dem Auftrag, »sie der Öffentlichkeit zugänglich zu machen«.

Als »ehrenamtlicher Schleifer« kümmert sich Baldur Strobel seitdem zweimal im Monat um das altehrwürdige Handwerk. Da 2010 der Steg zur Mühle erneuert wurde, läuft alles entspannt. Auch die Übertragung der Wasserkraft auf den großen Schleifstein und von dort, falls nötig, in die Werkstatt nach oben, ist problemlos möglich.

Adresse Höllgasse 20, 91207 Lauf an der Pegnitz | ÖPNV S1, Haltestelle Lauf | Öffnungszeiten jeden 1. Sa im Monat 10–13 Uhr und jeden 3. Sa im Monat 14–16 Uhr, Kontakt unter Tel. 09123/5423 | Tipp Einen Besuch wert ist der Salvatorfriedhof an der Saarstraße, der 1532 angelegt und 50 Jahre nach der Stilllegung anno 1967 im Jahr 2017 wieder für Baumbestattungen mit kompostierbaren Urnen reaktiviert wurde.

62 Das Zimmermuseum

Gesamtkunst als hintersinniger Dreiklang

Der »Deutsche Humor« hängt über einem Meer aus weißen Vasen und neben akkurat aufgereihten Rechenmaschinen. Auf dem Humor-Gemälde von Harri Schemm hocken fünf Adler griesgrämig auf seitlich aufgestellten Trommeln, während darunter eine Maus vorbeiflitzt. Da muss man grinsen, nicht zuletzt über das Gesamtkunstwerk, das ziemlich schräg, radikal und pfiffig wirkt – und beispielhaft ist für das Konzept des Zimmermuseums, das Wilfried Appelt 2003 mit seiner inzwischen verstorbenen Frau Renate in der Matthes-Villa eingerichtet hat.

Auf sieben Zimmer und einen langen Gang haben die Appelts einen Teil ihrer Sammlung verteilt, wobei überall ihr persönlicher Dreiklang aus moderner Kunst made in Franken, technischen Geräten und Alltagsgegenständen zur Aufführung kommt. 1990 begann mit der Papierarbeit »Federballspiel« von Peter Angermann die Sammelleidenschaft des Gymnasiallehrers für Mathe und Physik und der Chemielaborantin. Als ihr Haus in Leinburg voll war, knüpften sie an den Berliner Brauch des Zimmermuseums der 1920er Jahren an. Das Spiel mit Kunst, Technik und Kitsch wird gern auf die Spitze getrieben, wenn etwa Dan Reeders »Doggy World« auf einem »Circus«-Flipperautomaten steht und ein kleiner schwarzer Pudel von oben grüßt.

So entstehen Anstöße zum Weiterdenken. Was soll man mit uralten PCs anderes tun, als sie mit Porzellankatzen am Fensterbrett und abstrakten Zeichnungen an der Wand zu kontrastieren? Eine nachhaltige Frage, die im Raum steht. Und vor lauter hinterhältigen bis -sinnigen Verquickungen würde man sich am liebsten mal auf das Holzfahrrad von Peter Hammer setzen und eine Runde drehen. Wohl wissend, dass das nicht unfallfrei klappen dürfte.

Nach einer Zeit der Unsicherheit steht übrigens fest, dass Appelts Reich mit den rund 1.000 Exponaten in der Jugendstilvilla bleiben kann. Da der Meister immer wieder Veränderungen vornimmt, lohnen sich regelmäßige Besuche.

Adresse Weigmannstraße 2, 91207 Lauf | ÖPNV S1, Haltestelle Lauf | Öffnungszeiten nach Vereinbarung unter Tel. 09120/6277 | Tipp Das Wenzelschloss in Sichtweite des Zimmermuseums auf einer Pegnitzinsel wurde nach 1356 von Karl IV. quasi als letzte Übernachtungsmöglichkeit vor Nürnberg errichtet und nach 1504 mehrfach umgestaltet. Von 1985 bis 2013 nutzte die Akademie der Bildenden Künste das renovierte Schloss als Außenstelle, aktuell werden die Räume unter anderem für Ausstellungen und Feiern genutzt.

63 Die Brauerei Bub

Mit Wasser vom Moritzberg

Der Moritzberg liegt vor der Haustür von Leinburg, wo die Brauerei Bub seit 1617 ansässig ist. Klar, dass für das Leinburger Bier nur natürliches Brauwasser vom Moritzberg in Frage kommt. Und da sich die Familie Bub der Region verpflichtet fühlt, werden nur Braugerste aus der Gemeinde Leinburg und Umgebung und Edelhopfen aus Anbaugebieten in Hersbruck und der Hallertau verwendet.

Der Standort der Brauerei lag von Anfang an und liegt bis heute neben der evangelischen Kirche. Doch die erste Braustätte befand sich dort, wo heute der hauseigene Getränkemarkt ist. Seit 1830 ist das Anwesen im Besitz der Familie Bub, 1838 wurde das Sandsteingebäude an der Straße errichtet. Als richtungsweisend gilt der Bau des Sudhauses anno 1962, wofür sich die Baufirma Linhard den ersten Kran anschaffte.

In den 1990er Jahren ging es Schlag auf Schlag: 1992 startete die vollautomatische Fassabfüllung, 1993 folgte eine Abfüllanlage, die 8.000 Flaschen pro Stunde bewältigte, und 1996 kam ein moderner Gär- und Lagerkeller mit umweltfreundlicher Kältetechnik dazu. Ein Schock war der frühe Tod von Ernst Bub im Jahr 2000, seine Frau Cornelia übernahm die Geschäfte, die sie inzwischen zusammen mit ihren Söhnen Stefan und Michael führt. Und die siebte Generation ist der Ansicht, dass die Bierbraukunst »noch nicht ausgereizt ist«.

Seit 2001 wird vollautomatisch und computergesteuert in Edelstahlkesseln gebraut. Elf Biersorten sind im Sortiment, zwei Sude gibt es pro Tag, und das »Senatoren Dunkel naturtrüb« ist der Trunk der Wallenstein-Festspiele in Altdorf. Wichtig ist den Bubs die Qualität, weshalb sie auf eine längere Lagerung für eine natürliche Haltbarkeit setzen. Den Vertrieb im Umkreis von 30 Kilometern erledigt man in Eigenregie, beim Abfüllen wird dagegen kooperiert: Einmal die Woche geht es zum Abfüllzentrum von Rittmayr in Hallerndorf hinter Forchheim.

Erratum

Auf Seite 134 ist in Kapitel 63, Die Brauerei Bub, am Ende des Textes ein Fehler enthalten. Richtig ist: Die Brauerei Bub kooperiert beim Abfüllen des Biers nicht mit dem Abfüllzentrum von Rittmayr in Hallendorf, sondern nutzt am Brau-Standort in Leinburg die hauseigene Abfüllanlage. Wir bedauern den Fehler, der leider durch ein Missverständnis entstanden ist.

Adresse Marktplatz 14, 91227 Leinburg, www.leinburger-bier.de | **ÖPNV** S1, Haltestelle Röthenbach/Pegnitz, dann Bus 331, 332, Haltestelle Leinburg Marktplatz | **Öffnungszeiten** hauseigener Getränkemarkt Mo–Fr 8–12 und 13–18 Uhr, Sa 9–12 Uhr | **Tipp** Durch den Wald kommt man von Leinburg über Ungelstetten zur Nürnberger Enklave Birnthon, wo seit 1968 die Big Horn Ranch waschechtes Western-Flair bietet – mit Country-Musik, Whiskey, Straßenkreuzer und Sternenbanner (www.bighorn-ranch.de).

64__Der Löhe-Weg

Omnipräsent

Man begegnet ihm ständig. Obwohl Wilhelm Löhe schon mehr als 150 Jahre tot ist, scheint der Mann, der am 9. Mai 1854 die Diakonie Neuendettelsau gründete, die seit 2019 Diakoneo heißt, omnipräsent zu sein. Löhe-Apotheke, Löhe-Campus, Löhe-Straße und eine weiße Büste vor dem Mutterhaus der Diakonie sprechen für die Verbundenheit mit dem »fränkischen Diakonissenvater«, der hier die letzten 35 Jahre seines Lebens verbracht hat. Man spürt, dass der 1808 in Fürth geborene Pfarrer einiges bewegt hat.

Um die Zeit in seiner Wahlheimat für die Nachwelt erlebbar zu machen, gibt es einen Löhe-Weg mit neun Stationen. Nummer eins befindet sich vor dem Pfarrhaus, in dem der Geistliche gewohnt hat. Auf einer waagrecht ausgebreiteten Infotafel erhält man historische Daten, zudem – wie überall – ein Zitat und ein Gebet von Wilhelm Löhe. Nach dem Alten Schulhaus und der Kirche St. Nikolai kommt man zum »Gasthaus zur Sonne«, wo in den oberen Räumen ab 1841 die künftigen Mitarbeiter für Übersee unterrichtet wurden. Station fünf ist der Friedhof mit dem Löhe-Grab, für den das Ehepaar Löhe das Grundstück stiftete. Die Tragik: Wilhelm musste hier 1843 seine Frau Helene als eine der ersten Verstorbenen begraben. Das »Haus Lutherrose« wurde erst 1930 errichtet, darin war die 1849 von Löhe gegründete »Gesellschaft für Innere Mission im Sinne der lutherischen Kirche« bis in die 1970er Jahre ansässig.

Eine wichtige Anlaufstelle Löhes war das Missionswerk, in dem bis 1985 rund 800 Missionare ausgebildet wurden, die später in Nordamerika, Osteuropa, Australien oder Ostafrika arbeiteten. Zuletzt kommen die Kirchen in Reuth und Wernsbach, zu denen Löhe ein besonderes Verhältnis hatte. Seit 1997 gibt es im alten Bahnhofsgebäude von Neuendettelsau das kleine Löhe-Zeit-Museum. Es greift Themen mit Blick auf die Zeit von Wilhelm Löhe auf. Der Schützenverein gehörte auch schon dazu.

Adresse Hauptstraße 10, 91564 Neuendettelsau | **ÖPNV** S4, Haltestelle Wicklesgreuth, dann RB91, Haltestelle Neuendettelsau | **Öffnungszeiten** Löhe-Zeit-Museum (Bahnhofstraße 38): So 14–17 Uhr | **Tipp** In seinem Geburts- und Elternhaus in der Königstraße 27 in Fürth befindet sich ein Gedenkraum mit einer Ausstellung zu Wilhelm Löhe. Ein paar Straßen entfernt steht auf dem Platz vor der Michaelskirche ein Wilhelm-Löhe-Denkmal.

65_Der Dammbruch-Gedenkstein

Katastrophe bei Kilometer 77,012

Viele in Altkatzwang werden den 26. März 1979 nie vergessen. Dazu gehört auch der evangelische Pastor Günther Zeilinger, der damals im Pfarrhaus der Wehrkirche saß, als sich um 15.56 Uhr eine gewaltige Welle runter ins Rednitztal wälzte und sein Amtszimmer überflutete. Was Planer für unmöglich gehalten hatten, war geschehen: Der Damm des erst auf Probe gefluteten neuen Kanals war nicht weit von der Stadtgrenze zu Schwabach bei Kilometer 77,012 auf 15 Meter Breite gebrochen. 800 Millionen Liter zerstörten 134 Häuser teils komplett. Hubschrauber konnten etliche Menschen gerade noch retten, für ein zwölfjähriges Mädchen, das von einem herabstürzenden Balkon ins Wasser gefallen war, kam jede Hilfe zu spät – es ertrank.

Die Katastrophe von Katzwang brachte das Großprojekt massiv ins Schwanken. Unterschriften wurden dagegen gesammelt, 1982 drohte sogar der Baustopp. Bei der Ursachenforschung stellte sich eine marode Fernwasserleitung, die den Kanal an der Bruchstelle unterquert, als Hauptauslöser heraus: Hohlräume, die durch Sickerwasser entstanden waren, hatten die Asphaltdichtung des Kanals brüchig gemacht. Die Kanalbauer mussten immens nachbessern und die Kontrollstandards erhöhen.

Erst 1992 wurde die 171 Kilometer lange Schifffahrtsstraße nach 32 Jahren Gesamtbauzeit vollendet. Ihr ökonomischer Nutzen ist bis heute umstritten, Naturschützer bezeichneten sie als »Symbol für Umweltzerstörung, fehlgeleitete Technikgläubigkeit und Ressourcenverschwendung«.

In Katzwang kümmerte sich eine Interessengemeinschaft unter der Leitung von Pfarrer Zeilinger um eine angemessene Entschädigung für die Betroffenen. Sie sorgte bei Kilometer 77 außerdem für einen Dammbruch-Gedenkstein und eine Infotafel mit der mahnenden Überschrift »Des Menschen Werk ist vergänglich«.

Adresse Kilometer 70 des Main-Donau-Kanals auf Höhe Greuther Straße, 90453 Nürnberg-Katzwang | ÖPNV Bus 52, Haltestelle Katzwang Süd | Tipp Katzwang wurde erst im Jahr 1972 nach Nürnberg eingemeindet. Viele Bewohner fühlen sich – nicht nur wegen der gemeinsamen Vorwahl – bis heute mehr dem benachbarten Schwabach verbunden und gehen dort in der schmucken Altstadt mit den vielen kleinen Läden einkaufen.

66 Die Kanustrecke

Flott und elegant auf der Rednitz

Man muss einfach stehen bleiben und zuschauen, wenn die Cracks der SG Nürnberg-Fürth mit ihren schmalen schwarz-weißen Booten über die Rednitz rauschen. Allen voran das Plochmann-Trio mit den Zwillingen Antonia und Amelie und ihrer älteren Schwester Annkathrin, der Europameisterin von 2022, gleitet elegant und flott um Stangen und durch Tore, die an Seilzügen über dem Wasser baumeln. Das sieht leicht aus, dahinter steckt aber jahrelanges intensives Training. Begonnen haben sie mit dem Kanufahren bereits, als sie das Schwimmen gelernt hatten, also mit etwa fünf Jahren.

Die Kanustrecke neben der Fernabrücke liegt mehrheitlich auf Oberasbacher Gebiet, das neue Kanuten-Haus steht dagegen auf Fürther Boden am Buckweg. Seit Mitte der 1950er Jahre hat die SG-Kanuabteilung hier ihren Sitz, Tore und Slalomstangen gab es auch damals schon. Die Naturanlage ist 2002 deutlich verbessert worden, indem bei der Brücke ein neues Wehr eingebaut wurde, das so eingestellt ist, dass die Rednitz beim Wasserkraftwerk in Fürth am Ende der Uferpromenade immer ausreichend Wasser bekommt.

Das sorgt seitdem an der Kanustrecke für einen gleich bleibenden Pegel, zugleich für viel Bewegung und einige Stromschnellen. Für die 80 Hobbysportler unter den 100 Aktiven der SG-Kanuten ist das völlig ausreichend, für die 20 Spitzenathleten reicht es nicht, weshalb die Plochmann-Schwestern auf ihrer Hausstrecke in den Herbst- und Wintermonaten verstärkt die Ausdauer trainieren und weniger die Technik. Zur Vorbereitung auf Meisterschaften fahren sie mit ihrem Vater, der auch ihr Trainer ist, zu den großen »Eiskanälen« in Augsburg oder am Markkleeberger See bei Leipzig.

Mit dem neuen Flusswehr plus Fischtreppe wurde die Kanustrecke etwas umgebaut und neu befestigt. Die Tore und Stangen hängen so an den Seilen, dass sie flexibel verwendet werden können. Da macht das Zuschauen gleich noch mehr Spaß!

Adresse Buckweg 81, 90763 Fürth | ÖPNV Bus 67, Haltestelle Fürth Süd | Tipp Mit dem Hainberg befindet sich auf der anderen Seite der Fernabrücke ein ausgewiesenes Naturschutzgebiet, das bis 1995 ein militärisches Übungsgelände war. Am Ufer der Rednitz gibt es ein paar schöne Einstiegsstellen zum Schwimmen im Fluss.

67 Das tote Gleis

Der Siegeszug der Natur

Im Volksmund nennt man die Nebenlinie in den Fürther Landkreis heute noch liebevoll »Bibertbärbel« oder noch niedlicher »Bibertbärbala«. Bei den Verantwortlichen der Bahn stieß die Zugverbindung in den Westen jedoch lange auf wenig Gegenliebe. Erste Ideen für den Bau im Jahr 1894 wurden abgelehnt, sodass es bis 1915 dauerte, bis die 32,78 Kilometer lange Strecke über Fürth-Süd, Zirndorf und Großhabersdorf bis Unterbibert-Rügland in Betrieb ging.

Obwohl die Schienen zwischen 1958 und 1962 komplett erneuert wurden, ging es mit der »Bärbel« wie bei vielen ländlichen Bahnverbindungen bergab. 1971 wurde das westliche Viertel gekappt, 1986 folgte das Aus. Rückblickend war es ein Trauerspiel, wie die Verkehrspolitik das Auto bevorzugte und Züge aufs Abstellgleis manövrierte. Das rächt sich bitter in Zeiten der Klimakrise.

Bei der Bibertbahn hatten Nahverkehrsfans mehrfach Vorstöße für eine Reaktivierung gewagt. Doch da Nürnberg auf die Verlängerung der fahrerlosen U-Bahn bis Geberdorf setzte, scheiterte 2011 der letzte Anlauf für ein Comeback. Ein paar Schienen wurden abgebaut, überwiegend ließ man das tote Gleis aber im Boden, wodurch es still und leise zur begrünten Attraktion wurde – mit Bodendeckern, Efeu, Farnen, wild sprießenden Birken und Sträuchern. Und am Ende der Bruckwiesenstraße steht ein Andreaskreuz, bei dem die Selbstkletternde Jungfernrebe ganze Arbeit geleistet hat. Mahnmalverdächtig!

Der Siegeszug der Natur läuft unaufhaltsam weiter, selbst an der geschwungenen Betonbrücke in Richtung Rednitzwiesen, wo die Schienen verschwinden werden, damit ein neuer Radschnellweg von Gebersdorf nach Zirndorf entstehen kann. Er gilt als »Meilenstein« für eine Mobilitätswende, die Abstimmungen laufen mit dem Ziel, möglichst viel vom Schienenbiotop zu erhalten. Hohe Zuschüsse von Bund und Freistaat gelten als gesichert. Mal sehen, wann gebaut wird.

Adresse Zugang zum Beispiel über die Bruckwiesenstraße, 90522 Oberasbach | ÖPNV Bus 67, 173, Haltestelle Fürth Süd; Bus 70, 71, 72, 113, Haltestelle Altenberg Ost | Tipp Nahe der früheren Bibertbahn verläuft der Bibert-Wanderweg, den auch Radler nutzen können, in Richtung Fürth am Rand des Wasserschutzgebietes im Rednitztal. Beliebt bei Hundehaltern ist eine angrenzende Hundewiese direkt am Fluss.

68 Der Stadionberg

Relikte des Größenwahns

Man muss es mit den eigenen Augen gesehen haben. Und deshalb nach Oberklausen fahren und den Parkplatz an der Kreisstraße ansteuern. Wegweiser gibt es keine, aber zwei Tafeln, die auf »Besonderheiten im Hirschbachtal« und den »Stadionberg« hinweisen. Erstens wegen der Orchideen-Vielfalt am Südhang, zweitens wegen des Bauwerks, das die Nazis ab 1937 in den Hohen Berg rammten. Wer den steilen Teil des Stockbühls hochgeht, trifft auf viele Betonfundamente, die an Tribünen erinnern, umwuchert von Moosen, Gräsern und Kiefern. Unter der Nummer D-3-71-128-30 stehen die »erhaltenen Teilstücke des Modells zum Deutschen Stadion in Nürnberg« seit 2002 unter Denkmalschutz.

Als Auslöser für das Modellprojekt gelten leise Zweifel, ob das für 420.000 Zuschauer geplante Deutsche Stadion, das in Nürnberg zur Grube des heutigen Silbersees führte, richtig dimensioniert war. Deshalb wurde ein Ort gesucht, an dem man die über 80 Meter hohen Ränge testen konnte. Da der Neigungswinkel des Hohen Bergs dem des Deutschen Stadions ähnlich war, wurde im September 1937 mit dem im Maßstab 1:1 ausgeführten Nachbau eines Zehntels der gigantischen Arena nach griechisch-römischem Vorbild begonnen.

Unter höchster Geheimhaltung wurde Tag und Nacht gearbeitet. Über den Betonfundamenten entstanden Holztribünen für 42.000 Zuschauer, die Hitler und sein Architekt Albert Speer im März 1938 inspizierten, wie ein Foto beweist, um erstmals Sicht, Akustik und Wirkung zu prüfen. Offenbar mit positivem Ergebnis, denn an beiden Projekten bauten die Nazis bis Kriegsausbruch am 1. September 1939 weiter. Vor Kriegsende zerstörten die Amerikaner 1945 das Tribünenmodell, mit dem Holz wurde die Nachbargemeinde Achtel wiederaufgebaut. Erst ab den 1980er Jahren wurden die Relikte des NS-Größenwahns am Rand des Hirschbachtals wieder thematisiert. Sie sind heute ein gespenstischer Anblick und werden es immer bleiben.

Adresse an der Kreisstraße AS6 zwischen Unterklausen und Achtel bei Oberklausen, 92275 Hirschbach | ÖPNV RE40, Haltestelle Etzelwang, dann Rufbus 447, Haltestelle Oberklausen (2 Stunden vorher bestellen unter Tel. 09665/95044); am besten Wanderstöcke mitnehmen | Tipp Wer sehen möchte, wie klein München sein kann, muss die Kreisstraße in Richtung Achtel fahren und dort Richtung Kirchenreinbach abbiegen. Die Straße führt zu einem von drei München in Bayern. Der um 1810 erstmals erfasste Weiler hatte früher 6 Bauernhöfe, durch Zuzug sind es heute 22 Häuser und 33 Einwohner. Seit 1972 gehört dieses München zur Gemeinde Hirschbach.

69_Der Gorilla

Die etwas andere Reiterstatue

Was für eine Pose! Was für eine Kraft! Was für eine Präsenz! Gebannt steht man dem lebensgroßen Tier gegenüber, das eindeutig ein Gorilla ist. Ein Männchen, mit gewaltigen Oberarmen, ein Silberrücken. Man weiß nicht genau, ob er auf dem Sprung ist oder nur so tut, um sein Gegenüber zu verunsichern. Doch im Moment des Abtaxierens entdeckt man den filigranen Sattel auf dem Gorillarücken, was für eine spielerische Note sorgt. Man fühlt sich eingeladen, den Betonquader zu erklimmen und den Affen zu reiten.

Seit September 2016 befindet sich der tonnenschwere Betonkoloss neben dem Anwesen am Hang des Mühlgründls im Ortsteil Untermainbach. Der Gorilla, der den Titel »Affenreiter« trägt, ist die Nummer 50 auf dem Kunstweg rund um Rednitzhembach (siehe Ort 71). Der Nürnberger Bildhauer Christian Rösner, Jahrgang 1969, ist froh, dass kompetente Leute in die Standortsuche eingebunden waren. Denn die Plastik funktioniert: Immer wieder schwingen sich Klein wie Groß in den Sattel. Das amüsiert den Künstler, sieht er seine Skulptur doch als Persiflage auf sonstige Reiterstatuen.

Schon während seines Studiums an der Akademie der Bildenden Künste hat Rösner 1995 eine Gorilla-Form entwickelt. Doch erst im Rahmen des Betonkunst-Festivals 2005 im Großraum Nürnberg vollendete er die Objektidee, indem er den Sattel ergänzte. Seinen endgültigen Platz erhielt das Werk im Fürther Südstadtpark, wo der Gorilla schon roten Lippenstift aufgemalt bekam oder eine Corona-Maske trug.

Drei weitere Gorillas hat Rösner gegossen. Einer thront vor dem Affenhaus im Nürnberger Tiergarten, einer in einem privaten Hof beim Trödelmarkt. Einer stand im Herbst 2013 bei einer Skulpturenausstellung in Kalchreuth auf einem Hügel und wanderte schließlich als Dankeschön an seine Werkstattvermieterin nach Lungsdorf bei Velden. Dort findet man ihn auf einer öffentlichen Wiese an der Pegnitz. Allzeit bereit für einen Ausritt.

Adresse im Mühlgründl nahe der Walpersdorfer Straße, 91126 Rednitzhembach | **ÖPNV** S2, Haltestelle Rednitzhembach | **Tipp** Skulpturen von Christian Rösner, der gern mit der Kettensäge größere Holzstämme bearbeitet, stehen inzwischen an vielen Orten im öffentlichen Raum. Dazu gehören eine Echse am Südufer des Kleinen Brombachsees, eine Drachenschaukel auf dem Spielplatz am alten Eichenwald in Erlangen und mehrere Objekte im Nürnberger Tiergarten.

70_Der Große Knoten

Krasses Ausrufezeichen

Kreisverkehre sind ein Fall für sich. Sie sollen rundum funktionieren, andererseits bietet ein neuer Kreisel die Chance, sich gestalterisch zu verausgaben. Das kann ein großer Wurf werden oder peinlich enden. Deshalb gehen Kleinstädte und Gemeinden rund um Nürnberg meist doch auf Nummer sicher, pflanzen ein paar Bäume oder nehmen einen Sponsor mit ins Boot. Dann stehen Riesenstifte vor Stein schräg herum oder ein Mineralwasser-Brunnen wird kitschig stilisiert, wie etwa bei Neustadt an der Aisch. Einigermaßen pfiffig wirkt da der Bruder-Kreisel mit dem Dauerbaustellen-Szenario in Fürth-Burgfarrnbach, dem die Ammerndorfer mit ihrer Dampfwalzen-Variante nachgeeifert haben. Mit moderner Kunst hat aber beides nicht viel zu tun. Wer die an einem Kreisverkehr sehen möchte, muss nach Rednitzhembach fahren.

Seit 2007 schmückt »Der Große Knoten« das Rondell beim Gewerbegebiet-Süd. Ein langes Bündel Edelstahlrohre hat die Künstlerin Sabine Mädl mit Unterstützung von Verena Reimann miteinander verschweißt und so schwungvoll-locker verknotet, dass die Enden ausfransen und auf der einen Seite den Boden berühren. Aus der Ferne erinnert das tonnenschwere Geflecht an eine silberne Riesenechse, die sich mitten im Kreisverkehr schlafen gelegt hat. »Ein gelungener und witziger Schnappschuss zum Schmunzeln! Auf sympathische Art kokettiert die Künstlerin mit einem Verkehrsknotenpunkt«, lobte die Jury. »Hier wird die Kunst nicht gar so ernst genommen, nicht das Werk steht im Mittelpunkt, sondern die Situation.«

Mit einem Speziallaster musste »Der Große Knoten« damals nachts transportiert und eingehoben werden. Am Ende des südlichen Astes des Rednitzhembacher Kunstwegs setzt er seitdem ein ein krasses, großartiges Ausrufezeichen. Am schönsten wirkt er im Sommer, wenn der Lavendel blüht. Und das hat sich inzwischen überregional herumgesprochen, wie gute Platzierungen in internationalen Kreisel-Ranglisten beweisen.

Adresse Kreisverkehr an der Schnittstelle von Rother Straße und Kreisstraße RH1, 91126 Rednitzhembach | **ÖPNV** S2, Haltestelle Rednitzhembach | **Tipp** Ein nicht unumstrittener, aber mutig gestalteter Kreisverkehr ist der »Kersbach-Kreisel« eingangs der Fränkischen Schweiz, den der Künstler Harald Winter 2021 ringsum mit einem Zitat des frühromantischen Dichters Ludwig Tieck versehen hat: »Die ganze Natur ist dem Menschen, wenn er poetisch gestimmt ist, nur ein Spiegel, worin er nichts als sich selbst wiederfindet.«

71 Der Kunstweg

Über den Dingen schweben

Am Anfang war der Holzmoh. Den schuf der Schwabacher Bildhauer Clemens Heinl 1990/91. »Kunst am Bau«-Gelder und eine Stiftung führten dazu, dass der Koloss 1994 im Rednitzhembacher Wiesengrund aufgestellt wurde. Als er wieder weg war, vermissten ihn die Einheimischen. Man sammelte Geld, damit der Holzmoh an die Rednitz zurückkehren konnte, unter dem alternativen Titel »Zwei Tonnen Angst in Eiche«.

Ein Jahr später kam der »Schütze mit Apfel« von Thomas Volkmar Held an die Steinerne Brücke, und die Idee für einen Kunstweg keimte auf. Eine wichtige Rolle spielte dabei Christel Vogelsang, eine langjährige Stadträtin und Rednitzhembachs Kulturbeauftragte. Sie sensibilisierte den seit 1996 amtierenden Bürgermeister Jürgen Spahl für die Kunst, sodass 2000 ein Symposium mit etablierten Bildhauern aus dem Großraum stattfand, was neue Exponate zur Folge hatte – ebenso wie die Neuauflage 2003.

Der Erfolg brachte weitere Sponsoren, der Kunstweg konnte wachsen. Bei der »Sitzenden« von Thomas Volker Held zögerte Nürnberg zu lange, das Werk wechselte den Ort. Über 60 Exponate sind es inzwischen. Der Großteil befindet sich am 8,5 Kilometer langen Rundweg durch Wiesen, Wald und Ort, ein neuer Ast geht Richtung Süden. Die Kunst ist zum »Weg-Begleiter« geworden, der Kunstweg ein Vorzeigeprojekt, das mit der Qualität der Werke und deren Platzierung punktet. Freie Wahl hat man bei Startpunkt und Laufrichtung.

Anfassen ist erlaubt, ob die »Monsterschafe«, die »Wasserträger«, das »Eisenhaus«, die »Waldläuferin« oder den famosen »Waldfisch« aus Jurakalk. Und grandios sind die sechs »Schwebenden« von Johannes L.M. Koch in acht Meter Höhe, wenn es dämmert. Dass der Kunstweg inspirierend wirkt, beweist seit 2012 die beliebte Qi-Gong-Runde mit 28 Stationen, der Kunstweglauf geht 2023 in die 17. Runde. Und neue Skulpturen sind im Anflug, während kaputte abgebaut werden. Es bleibt spannend.

Adresse Start am S-Bahnhof, Bahnhofsplatz, 91126 Rednitzhembach; Infos und Karte zum Downloaden unter www.kunstweg-rednitzhembach.de | ÖPNV S2, Haltestelle Rednitzhembach | Tipp Das kleine kommunale Kinomuseum in Rednitzhembach befindet sich in der Grund- und Hauptschule. Es bietet den Charme der 1950er Jahre, 28 nostalgische Sitzplätze und einen 35-Millimeter-Filmprojektor aus dem Jahr 1938 (Zwischen den Brücken 3–5, Führungen unter Tel. 09122/692123 buchbar).

72_Der Birkensee

Badefreuden statt Sandabbau

Das waren Ende der 1970er Jahre noch ganz andere Zeiten. Mit dem Auto konnte man problemlos bis runter zum See fahren. Die Polizei tauchte nur selten auf – es sei denn, das Verkehrschaos am Wochenende war zu groß. Abends loderten Lagerfeuer, das Bier floss in Strömen, Dylan-Songs und »Schifoan« von Wolfgang Ambros wurden gegrölt, und zwischendurch schwammen manche nackt eine Runde. Baden war damals noch nicht überall möglich, weil seitlich ein Schürfbagger unterirdisch Sand einsammelte, aber das hat nicht gestört.

Die Lage hat sich verändert. Ursprüngliche Pläne für einen großen Birkensee mit Campingplatz und Rambazamba sind schon lange abgehakt. Die Autos müssen 1,5 Kilometer entfernt auf dem Wanderparkplatz an der Kreisstraße vor Diepersdorf geparkt werden, am besten nimmt man gleich das Fahrrad.

Rund um den Birkensee ist jedenfalls ein schönes Naherholungsgebiet entstanden, in dem nur das Dauerrauschen der nahen Autobahn – 1979 kaum hörbar – nerven kann. Es gibt mehrere Liegewiesen, auf denen nicht nur Birken für Schatten sorgen. Gespeist wird der »große« Birkensee mit Grundwasser – ebenso wie der Kleine Birkensee dahinter, der zuerst zum Sandabbau genutzt wurde. Weil sich hier ein geschützter Lebensraum für Kreuzkröten, Heuschrecken, Wildbienen sowie Filzkräuter und Silbergras befindet, wurde das Baden verboten. Das Ufer des Kleinen Birkensees darf nicht betreten wird, ist aber auch schwer zugänglich.

Der Birkensee ist bis zu 20 Meter tief, seit jeher darf man textilfrei darin schwimmen. Wasseranalysen zeigten 2015 allerdings eine erhöhte Konzentration von krebserregenden Stoffen an, deren Herkunft unklar war, weshalb es zeitweise sogar ein Badeverbot gab. 2022 wurde die Ursache gefunden – die Werte sind gesunken, die Zeichen stehen auf Entwarnung. Das ist erfreulich für alle Wasserratten, die lieber gratis in einen Natursee als ins Freibad gehen.

Adresse im Wald zwischen Röthenbach an der Pegnitz und Diepersdorf, zwischen A3 und Kreisstraße LAU 15, 90552 Röthenbach an der Pegnitz | **ÖPNV** S1, Haltestelle Röthenbach/Pegnitz, dann Bus 331, Haltestelle Diepersdorf | **Tipp** Zwei viel genutzte Badeseen gibt es in der Nähe von Feucht: Der große Jägersee ist relativ flach, hat bräunliches Wasser und wärmt sich im Sommer stark auf. Der kleine Jägersee ist tiefer und damit erfrischender, außerdem hat er eine kleine Insel.

73 Die Conradty-Siedlung

Aufpolierte Arbeiterhäuser

Der Name Conradty war einmal ein sehr klangvoller in Röthenbach. 1880 hatte der Nürnberger Bleistifthersteller Conrad Conradty, damals die Nummer zwei hinter Faber-Castell, seinen Betrieb nach Röthenbach verlagert. Sein »Conradty-Blau« und vor allem die Erfindung der elektrischen Bogenlampen mit Kohlestift für die Straßenbeleuchtung machten ihn weltbekannt. Die Belegschaft wuchs von 200 auf bis zu 3.000 Mitarbeiter, die überwiegend von außerhalb kamen.

Da es im damaligen Dorf Röthenbach keine Unterkünfte gab, baute Conradty ab 1892 zuerst Häuser in der Mühlgasse, nach 1900 entstand die Obere Siedlung an der Grünthalstraße – insgesamt über 700 Wohnungen. Zudem ließ er Betriebskinderheime, ein Betriebskrankenhaus und eine Schule errichten, er unterstützte auch Feuerwehr, Post und Kirche finanziell.

Der Bruch kam 1945: Wegen seiner NS-Verstrickungen wurde ihm 1945 die Firma entzogen, die 1948 seine Frau Ella übernahm. Die Firma Conradty besteht bis heute, wurde aber nach 2005, als ein Topmanager wegen Veruntreuung von Geldern verurteilt wurde, an einen indischen Konzern verkauft. In Röthenbach standen die kleinen Arbeiterhäuser ab den 1960er Jahren zunehmend leer. Etwa die Hälfte wurde abgerissen, bis Ende der 1970er Jahre ein Umdenken einsetzte.

Nach einem umfangreichen Gutachten stand fest, dass die Stadt Röthenbach die zwei Arbeitersiedlungen mit Städtebaufördergeldern modernisieren wird. In einem langen Prozess sind von 1994 bis 2008 in der Unteren Siedlung 12 und in der Oberen Siedlung 46 Wohnungen entstanden, die auch an Privatleute verkauft wurden. Zudem wurde das gesamte Umfeld aufpoliert. 25 Millionen Euro flossen in das Vorzeigeprojekt, das 2010 ein Stadtmuseum in der Mühlgasse 1 erhielt. Dort wird im Erdgeschoss die Geschichte von Conradty nachgezeichnet und darüber ein typisches Arbeiterhaus um 1900 vorgestellt. Prädikat: wertvoll!

Adresse rund um Mühlgasse und Luitpoldplatz, 90552 Röthenbach an der Pegnitz, www.stadtmuseum-conradtyhaus.de | ÖPNV S1, Haltestelle Röthenbach/Pegnitz oder Röthenbach-Steinberg | Öffnungszeiten Stadtmuseum Conradtyhaus: So und Feiertage 10–16 Uhr | Tipp In Röthenbach gibt es ein Wehrtechnikmuseum bei der Firma Diehl in der Heinrich-Diehl-Straße 9, in dem unterschiedlichste Waffen und Rüstungsgüter der letzten 100 Jahre vorgestellt werden. Zudem werden seit 1988 regelmäßig Sonderausstellungen organisiert (www.wehrtechnikmuseum.de).

74_Der Moritzberg-Turm

Der Traum von der Walhalla

Viele Wege führen auf den Moritzberg, der mit 604 Meter Höhe der Hausberg von Nürnberg ist. Die grüne Raute verspricht einen geruhsamen Aufstieg, der rote Punkt bedeutet, dass die Route teilweise steil ist. Alle erreichen das Gipfelplateau, das im Winter schon mal einen feinen Zuckerhut haben kann, wenn die Schneefallgrenze unter 500 Meter sinkt. Die 1419 errichtete Kapelle St. Mauritius hat eine besondere Bedeutung. Sorgte sie doch dafür, dass der Berg nicht mehr Leinburg hieß. Flankiert war die Kapelle anfangs vom Bruderschaftshaus, das zum Gasthaus mit Skihüttencharme wurde, in dem kleine und große Feste gefeiert werden. Am Wirtshaustresen bekommt man bei Bedarf den Schlüssel für den Moritzberg-Turm. Zwei Euro kostet der Eintritt, der sich an klaren Tagen lohnt, wenn westwärts Schmausenbuckturm, Business-Tower und selbst der Fernsehturm zum Greifen nahe scheinen.

Zu den Geschichten, die sich um den Moritzberg ranken, gehört die vom bayerischen König Ludwig I., der mit dem Gedanken spielte, die Walhalla am Moritzberg zu bauen; sie wurde 1842 in Donaustauf bei Regensburg eröffnet. Nichts wurde auch aus den Plänen für die Befreiungshalle, die seit 1863 bei Kelheim steht, oder für ein 120 Meter hohes Nationaldenkmal. Deshalb gründeten letztlich Einheimische 1899 den Verschönerungsverein Moritzberg in Rockenbrunn, um wenigstens über Spenden und Benefizaktionen einen Aussichtsturm zu finanzieren.

Das zog sich dann. Baubeginn war im Juli 1910, nach drei Jahren ging bei 21 Meter Höhe das Geld aus. Erst 1964 folgte die Aufstockung auf 30 Meter. Da die benachbarten Bäume in der Zwischenzeit hoch gewachsen waren, gab es den Wunsch, den Turm erneut aufzustocken. Geschehen ist bis heute nichts, immerhin konnten kleinere Sanierungen im Inneren Zwangsschließungen verhindern. Proppenvoll ist es alle Jahre, wenn die Moritzbergkärwa im August am Bartholomäustag stattfindet. Wohl dem, der einen Sitzplatz ergattert.

Adresse Moritzberg 1, 90557 Röthenbach an der Pegnitz | **ÖPNV** S1, Haltestelle Röthenbach/Pegnitz; Bus 331, Haltestelle Diepersdorf Ortsmitte | **Öffnungszeiten** März–Dez. Di–So ab 10 Uhr, Jan.–Feb. Mi–So ab 10 Uhr; weitere Infos unter Tel. 09120/8393 (Berggasthof) | **Tipp** Am Fuß des Moritzbergs führt bei Haimendorf ein Wanderweg in die Hüttenbachschlucht zum Klingenden Wasserfall, der je nach Wasserstand unterschiedlich laut zu hören ist.

75__Das »Roggers«

Ein Tatort für die Ewigkeit

Der Gasthof heißt offiziell Zum Rockenbrunn, aber den Namen verwenden höchstens Zugereiste. Wer die ebenso schräge wie geschichtsträchtige Wirtschaft am Fuße des Moritzbergs besucht, geht ins »Roggers«. Die Zahl 1653, die im Hof an der fleckigen Sandsteinmauer zu lesen ist, ist der erste Beleg für das Herrenhaus, das Johann Moritz Fürer, Mitglied des noch immer bestehenden Pegnesischen Blumenordens, errichtete und dessen Mauern bis heute erhalten sind. 30 Jahre vorher war die Quelle, die das Bassin mit den Forellen im Innenhof speist, schon ummauert.

Seit 1832 soll es keine größeren Veränderungen mehr gegeben haben. Als »Zweiflügeliges Wohn- und Wirtschaftsgebäude mit Fachwerkobergeschoss, umschlossen mit Hofmauer, von Balustrade bekrönt« wird es in der Denkmalschutzliste bezeichnet. Laut Chronisten leitete bereits Fürer einen Schankbetrieb, ohne aber eine Konzession zu besitzen. 1857 begann dann die lange Ära der Wirtsfamilie Schramm, die 2014 endete.

Seitdem führt Markus Haas das »Roggers«, das im Sommer 2015 denkwürdigen Besuch vom Teams des Franken-»Tatorts« bekam. Das Anwesen diente als Kulisse für das abgewrackte »Gasthaus alter Wirt«, das zudem Schauplatz eines Mordes und in der Krimifolge »Das Recht, sich zu sorgen«, die 2016 ausgestrahlt wurde, überhaupt sehr präsent war. Schon die mehrtägigen Dreharbeiten zogen viele Neugierige an, der Werbeeffekt war enorm, und durch die Präsenz in der ARD-Mediathek wird dieser »Tatort« aus Sicht des »Roggers« einer für die Ewigkeit sein.

Ungeachtet dessen kann man hier weiter gepflegt fränkisch essen, was auch fleischlose Gerichte beinhaltet. Dank einiger Nebenräume gibt es genug Platz, Schafkopf-Brüder sind im Hinterzimmer fast immer am Karteln, und der romantische Brunnenhof, in dem ein abgewetztes Plakat an die Maibowle 1973 des Altherrenverbands erinnert, ist eine Schau. Das war garantiert ein feuchtfröhlicher Abend.

Adresse Rockenbrunn 1, 90552 Röthenbach an der Pegnitz | **ÖPNV** S1, Haltestelle Röthenbach/Pegnitz, dann Bus 331, Haltestelle Rockenbrunn | **Öffnungszeiten** Mo, Di, Do–Sa 16–24 Uhr, So 11–16 Uhr | **Tipp** Östlich von Nürnberg gibt es etliche Gastwirtschaften, wo man nach einer längeren Radtour gut einkehren kann. Zum Beispiel im »Weißen Lamm« in Engelthal, beim »Igelwirt« in Schnaittach oder im »Roten Ross« in Altdorf. Weitere Anregungen findet man in der Broschüre »Köstliches im Nürnberger Land«.

76 Das Heimatmuseum

Die Mischung macht's

Heimatmuseen wirken oft verstaubt und tümelig. Nicht so in Roßtal. Dort residiert das 1986 eröffnete Heimatmuseum in einem historischen Ensemble mit Museumshof, wo ein spannender Streifzug durch die Geschichte Roßtals winkt. Zum stimmigen Mix der Exponate gehören archäologische Funde wie die Skelette, die nicht weit entfernt vom Eingang liegen. 1988 wurden sie bei Sanierungsarbeiten rund um das frühere Pfarrhaus gefunden. Eine Frau ohne Kopf und rechte Hand war offenbar eine Diebin, die nicht auf dem Roßtaler Friedhof bestattet werden durfte, aber wohl von einem gnädigen Pastor ein Grab unter dem Vordach seines Hauses erhielt – ebenso wie ein Baby, das ungetauft verstorben war.

Auch das sind Zeitdokumente, die würdevoll unter Glas ebenerdig präsentiert werden. Man spürt das Anliegen zu zeigen, dass der Umgang mit Außenseitern ebenso zur Heimatgeschichte gehört wie die breite Palette an landwirtschaftlichen Geräten und Handwerkszeug, die draußen vor der Scheune und der Remise hängen. Oder das Sammelsurium an besonderen Trachten, bemalten Eiern, Orden, urigen Spielsachen, Küchen oder kleinen Schlafzimmern mit extradicken Zudecken für kalte Winter in ungedämmten Bauernhäusern. Auch die NS-Diktatur zwischen 1933 und 1945 wird nicht ausgeklammert. Aber dass es bei dem Thema noch Nachholbedarf gibt, hat 2022 eine Sonderausstellung gezeigt.

Eine besondere Attraktion ist der mit frühmittelalterlicher Pflanzen- und Zahlensymbolik angereicherte Garten, den der Heimatpfleger Thomas Liebert konzipiert hat. Hier kann man eintauchen in ein Maßsystem, bei dem sich »von Gott gestiftete Wahrheiten« mit Zahlen verbinden, weshalb die Zahlen Drei, Vier, Sechs, Neun und Zwölf eine große Bedeutung haben. Als Maßeinheit wurde bei der Anlage der karolingische Fuß, der 33,32 Zentimeter misst, verwendet, und natürlich ist auch die Pflanzenwelt mit Bezügen verknüpft, die über das Medizinische hinausgehen.

Adresse Schulstraße 13, 90574 Roßtal | ÖPNV S4, Haltestelle Roßtal | Öffnungszeiten So 14–17 Uhr, Gruppenführungen nach Vereinbarung unter Tel. 09127/579788 buchbar | Tipp Interessant ist der »Archäologische Rundweg« mit vielen Schautafeln. Er führt an etlichen Ausgrabungsstätten vorbei, zu denen auch die ehemalige Burg gehört. Start ist vor dem Rathaus am Marktplatz (www.heimatverein-rosstal.de).

77_Die Krypta

Abgrundtief eintauchen

Es ist immer wieder verblüffend, wie riesig der Wegweiser an der Bundesstraße ist. »Krypta« steht in der gleichen Größe wie »Roßtal« geschrieben – das signalisiert eine außergewöhnliche Bedeutung für ein Bauwerk, dessen Existenz sich vor Ort nicht sofort erschließt, denn die Krypta befindet sich weitgehend unter der Erde. Um sie zu sehen, muss man in die St.-Laurentius-Kirche gehen und dann auf der rechten Seite 14 Treppenstufen hinuntersteigen. Dann steht man unter einem tonnenschweren Gewölbe in einem Raum mit enorm dicken Mauern, jeder Menge Säulen und winzigen Fensterschlitzen.

Eine Krypta wird als »verborgener Gang, Gewölbe, Gruft«, aber auch als »Unterkirche« bezeichnet, ein Raum unter dem Chor oder unterhalb des Altars, der auch als Grabkammer für die Überreste von Heiligen oder Märtyrer diente. Der Bau der Roßtaler Hallenkrypta wird der Kirchenstifterin, der Pfalzgräfin Irmingard, zugeschrieben. Sie gehört zu den ältesten Teilen der Kirche und entstand um 1020. Wobei für den Heimatpfleger Thomas Liebert die Erforschung noch lange nicht abgeschlossen ist. Zuletzt tauchten Hinweise auf eine ältere Entstehungsgeschichte auf. Um mehr darüber zu erfahren, müsste man in die Tiefe bohren.

Die Nutzung der Krypta war im Laufe der Jahrhunderte jedenfalls unterschiedlich. Vor der Reformation wurden hier Totenmessen gelesen, danach für lange Zeit hauptsächlich Kartoffeln eingelagert. Im Zweiten Weltkrieg diente der Raum mit den armdicken Mauern als Luftschutzbunker, heute bildet er bei Kerzenlicht und indirekter Beleuchtung und dank der wunderbaren Akustik einen stimmungsvollen Rahmen für Gottesdienste im kleinen Kreis sowie für Mediationen, Lesungen und Konzerte. Auf Holzbänken ohne Lehne sitzt man in Kreuzform auf hellblauen Sitzkissen. So gilt die Krypta nicht nur bei Gläubigen als schöner Ort, um zuerst zur Ruhe und dann miteinander ins Gespräch zu kommen.

Adresse Schulstraße 17, 90574 Roßtal | **ÖPNV** S4, Haltestelle Roßtal | **Öffnungszeiten** zu den Gottesdienstzeiten oder bei Veranstaltungen, Kontakt unter Tel. 09127/9083210 | **Tipp** Vom Marktplatz kommt man durch den 1494 erbauten Torturm der Wehranlage zum Friedhof neben der St.-Laurentius-Kirche. Begraben ist dort auch der frühere Nürnberger Kulturreferent Hermann Glaser, der bis zu seinem Tod im Juni 2018 viele Jahrzehnte in Roßtal gewohnt hat.

78 Die Spitzweedscheune

Kunst neben dem Weiher

Man muss die Feste feiern, wie sie fallen. Und wenn es gut läuft, fällt am Ende sogar etwas Dauerhaftes dabei ab. Diese Erkenntnis passt gut zur Spitzweedscheune. Denn als in Roßtal 2004 die 1.050-Jahr-Feier anstand (Roßtal ist 96 Jahre älter als Nürnberg!), sollte eine Ausstellung mit historischen Schwarz-Weiß-Bildern gezeigt werden, die der Fotograf Heinrich Haas (1871–1954) hinterlassen hat. Die Frage war, wo das möglich sei. Schließlich tagte ein »Runder Tisch Kultur« und stieß auf die alte Scheune in der Schulgasse. 1829 war sie mit Fachwerk und Sandsteinfassade erbaut worden, zuletzt nutzte sie die Freiwillige Feuerwehr als Lager.

Die Idee für einen Kulturort war geboren. Nach dem gelungenen Test mit »Fränkischen Impressionen« im Herbst 2005 ging es weiter, seit September 2008 steht die Scheune offiziell der Kunst und Kultur zur Verfügung. Mit feinem Industrieparkett, geweißelten Wänden und ausgeklügelter LED-Lichtanlage ist sie ein Schmuckstück geworden. An den zwei Flügeln des dunkelgrünen Holztores vorbei tritt man durch eine Glastür in die 3,8 Meter hohe, offene Halle, die mit 100 Quadratmetern Ausstellungsfläche genug Raum für eine Werkschau bietet.

Zwei bis drei Künstler werden jährlich präsentiert, die nicht nur regionaler Herkunft sind, sondern schon aus Neuseeland oder Frankreich kamen – wie Hélène de Beauvoir, die Schwester der Ikone der Frauenbewegung. Zuletzt war mit Reinhard Erbes auch ein Aktiver aus den eigenen Reihen vertreten. Die Sammelausstellung am zweitägigen Martini-Markt im November ist eine schöne Tradition.

Dank der Klappstühle, die ein Stockwerk darüber lagern, können in der Spitzweedscheune auch mal Jazzkonzerte stattfinden. Wer über den Namen der Scheune stolpert, dem sei gesagt: Er hat nichts mit spitzenmäßigem Cannabis zu tun. Das Wort »Weed« geht auf den Weiher zurück, neben dessen Spitze die Scheune steht. Ganz einfach.

Adresse Schulstraße 25, 90574 Roßtal | ÖPNV S4, Haltestelle Roßtal | Öffnungszeiten während der Ausstellungen Sa, So 10–13 Uhr, Infos unter www.rtk-rosstal.de | Tipp Eine schöne Naturattraktion ist im Ortsteil Stöckach das Biotop Stöckacher Weiher, zu dem man über die Erlacher Straße kommt. Es handelt sich um einen artenreichen Fischweiher, in dem man neben Amphibien, Eisvögel und Libellen auch Krebse beobachten kann (Kontakt unter Tel. 09127/9389).

79 Der Skulpturenpark

Kunst sehen, hören und fühlen

Der rote Faden sind die silbernen Klangstelen, die entlang des Wegkreuzes des »Blindi« stehen, wie das Blindeninstitut Rückersdorf gern kurz genannt wird. Die Schule mit Tagesstätte und Internat für mehrfachbehinderte blinde und sehbehinderte Kinder wurde ab 1991 gebaut. Der Architekt Bernhard Heid hat die Baukörper sehr feinfühlig und teils sternförmig in die Waldlandschaft gesetzt. Und in das Hauptgebäude wurde eine multifunktionale Aula integriert, weil der langjährige Schulleiter Rudi Lacher von Anfang an eine kulturelle Veranstaltungsreihe mit Ausstellungen und Konzerten im neuen Haus am Dachsberg etablieren wollte.

Zur Eröffnung stand 1994 schon bei der obligatorischen »Kunst am Bau« fest, dass es um »Kunst, die Blinde erleben können« gehen soll. Das führte zu 12 großen und 16 kleinen Klangstelen, die man mit Hilfe eines Schlägels zum Klingen bringen kann. Eine schöne Fügung war es, dass einheimische Bildhauer am Ende ihrer Ausstellung meistens ein Werk als Geschenk daließen, das dann individuell auf dem Gelände aufgestellt wurde.

22 Exponate sind es in 28 Jahren geworden, womit ein attraktiver Skulpturenpark entstanden ist: Da sitzen zwei Kunststoff-Figuren von Otmar Hörl als »Weltanschauungsmodell« auf einer Bank, da lädt Botonds rundliche Plastik aus der »Schlaf«-Serie am Rand ebenso zum Anfassen ein wie Bernhard Reins »Summstein« zwischen Bäumen. Das »Große Kopftor« von Henryk Szychta und Hermann Frauenknechts »Geflecht« stehen raumfüllend auf dem Rasen – von beiden wurde je ein kleines Modell an der Infostele befestigt, damit sich blinde Menschen tastend leichter ein Bild davon machen können.

Die Stelen bieten übrigens nicht nur Infos in Braille-Schrift, sondern einen besonderen Clou: Mit Hilfe eines Audioguides kann man akustische Informationen über den Künstler und von selbigem über sein Werk aktivieren. Ein toller Service, auch für Sehende.

Adresse Dachsbergweg 1, 90607 Rückersdorf, www.blindeninstitut.de | ÖPNV RB30, Haltestelle Rückersdorf | Öffnungszeiten Audioguide-Verleih werktags 9–15 Uhr, Voranmeldung unter Tel. 0911/95770 | Tipp Ein attraktives Ausflugsziel in der Nähe von Rückersdorf ist die Durchwanderung der Bitterbachschlucht bei Kotzendorf. Sie hat neben dem Naturspektakel auch einen Lehrpfad zu bieten, auf dem es ebenfalls viel zu sehen, aber auch zu hören und zu fühlen gibt.

80 Die Alte Synagoge

Wie durch ein Wunder überlebt

»Ist Schweigen Gold?« steht in Großbuchstaben auf einer rostigen Metallschiene am Rand der Synagogengasse. Ein künstlerisches Statement, das alle angeht. Erst recht an dieser Stelle, wo sich früher das Jüdische Viertel befand. Inklusive der um 1800 errichteten Alten Synagoge mit dem Walmdach, die heute noch existiert, was wie ein Wunder wirkt, wenn man an die Zerstörungswut in der Reichspogromnacht vom 9. auf den 10. November 1938 denkt.

Warum diese Synagoge überlebt hat? Weil sie damals keine mehr war. Der letzte Gottesdienst fand im August 1937 statt. Ein Jahr später verkaufte die jüdische Gemeinde die Immobilie am 10. August 1938 angesichts der drohenden Zwangsauflösung für 5.000 Reichsmark an den einheimischen Brauereibesitzer Alois Weller. Er ließ das Gebäude zu einem Wohn- und Lagerhaus umbauen, was sich herumsprach – deshalb blieb es trotz seiner Vorgeschichte verschont.

Nach dem Zweiten Weltkrieg wurde die Alte Synagoge von der amerikanischen Militärregierung beschlagnahmt und vorübergehend von Juden, die nach der Flucht oder der Befreiung aus Konzentrationslagern zurückgekehrt waren, als Unterkunft und auch für Gottesdienste genutzt. In den 1950er Jahren übernahm dann wieder die Brauerei das Gebäude, Karl Weller bezahlte nachträglich den tatsächlichen Wert der Immobilie. Im August 1998 überließ er sie dann dem Verein »Synagogengasse 6« im Erbbaurecht.

Umfassend restauriert wurde das denkmalgeschützte Anwesen 2002/03. Dabei wurden die Klappläden von 1938 auch im Erdgeschoss übernommen, der südliche Frauenaufgang blieb entfernt und der Anbau mit dem heutigen Seiteneingang erhalten. Die Volkshochschule nutzt nun die Räume für Kurse und Veranstaltungen – insofern ist die Synagoge wieder ein Haus der Versammlung. Alle zwei Jahre ist sie auch ein Schauplatz der Kunstbiennale »ortung«. 2021 schwebte eine große goldene Kugel im Raum.

Adresse Synagogengasse 6, 91126 Schwabach, Tel. 09122/860204 | **ÖPNV** Bus 661, 662, Haltestelle Schwabach Neutorstraße | **Tipp** Das Jüdische Museum in Schwabach, das mit dem Jüdischen Museum Franken in Fürth verbunden ist, liegt in der Synagogenstraße 10 gleich neben der Alten Synagoge. 2001 fand man in dem Haus während der Renovierungsarbeiten eine gut erhaltene Laubhütte mit intakter Kassettendecke und spätbarocken Wandfresken (Mai–Okt. Sa, So 12–17 Uhr, Nov.–April So 12–17 Uhr).

81 Das Atelier 15

Am Ende soll es rascheln

»Freiraum für kreative Experimente« lautet der Untertitel, der prima zum Charakter des »Atelier 15« passt. Seit 2011 locken Ulrike Thaler-Wieland und Walter Thaler in ihre 50 Quadratmeter große, multifunktionale Kulturzone, in der man auf Überraschendes gefasst sein muss. Konzerte, Lesungen, Vorträge und Ausstellungen gibt es, gern in Mischformen. Und immer besteht die Gelegenheit zum Gespräch und die Aussicht auf neue Impulse, denn die Begegnung und der Austausch sind hier zentrale Aspekte. Insider finden: »Es ist immer wieder anders, aber auch gut.«

Die Thalers haben sich 2006 in das Häuschen in der verwinkelten Altstadt verliebt. Zuerst mieteten sie sich ein, 2010 kauften sie es. Vorne wohnen sie, hinten erfüllten sich der studierte Künstler und die spätberufene Kunstschaffende den Traum von der eigenen kulturellen Plattform. Und das in einer ehemaligen Klavierwerkstatt, an die lange silberne Drähte zur Decke erinnern, an denen kleine, schwenkbare Leuchten befestigt sind.

Für eine Galerie ist der quadratische Raum mit den weißen Wänden und dem markanten Glasbausteinfenster ideal. Er schafft eine sehr konzentrierte Atmosphäre, was sich in der Kunstszene herumgesprochen hat. Auch bei der »ortung« ist das Atelier 15 seit 2013 eine feste Ausstellungslocation, bevorzugt für Kleinformatiges mit experimenteller Note. 2021 waren es blattgoldene Schwabacher Lochkameramotive des Fotokünstlers Peter Kunz, die inzwischen im ersten Stock des Rathauses hängen.

Eine feste Gage bieten die Thalers grundsätzlich nicht – denn ihre etwa sechs Veranstaltungen im Jahr sind kostenlos, damit alle Interessierten ungeachtet ihres Einkommens kommen können. Zugleich wissen sie um ihr neugieriges und begeisterungsfähiges Stammpublikum, das am Ende des Abends stets mit solidarischem Eifer den Hut füllt. Unter der Maßgabe der Hausherrin, dass es nicht klimpert, sondern raschelt.

Adresse Schulgasse 15, 91126 Schwabach, www.atelier15.net | **ÖPNV** Bus 661, 662, Haltestelle Schwabach Neutorstraße | **Öffnungszeiten** je nach Veranstaltung, Infos siehe Website | **Tipp** In der privat geführten Galerie Gaswerk in der Nördlichen Ringstraße 9 veranstaltet Helga Kehrbach regelmäßig Konzerte und Kunstausstellungen (Tel. 09122/937882).

82 Der Eulenbrunnen

Schöne Anspielung im Jahr 1984

Man schrieb das Jahr 1984. Literaturfreunde denken bei dieser Zahl an den berühmten Zukunftsroman des britischen Schriftstellers George Orwell, bei dem es um das Leben in einem totalen Überwachungsstaat mit dem »Großen Bruder« geht, der alles sieht, hört und alle manipuliert. Harter Stoff, vollendet 1948, der in Fake-News-Zeiten aktueller denn je wirkt. Deshalb ist es gut zu wissen, dass es Orte gibt, in denen der freie Zugang zu möglichst breitem Wissen in analoger wie digitaler Form gegeben ist.

So gesehen war 1984 ein wichtiges Jahr in Schwabach. Die Stadtbibliothek bekam einen Neubau, der heute noch zeitlos modern und einladend wirkt. Es ist schön zu beobachten, dass die schmale Gasse vom Königsplatz nach hinten zum Bürger- und Kulturhaus mit Städtischer Galerie alle Generationen anzieht. Dass das so ist und bleibt, könnte ein bisschen damit zusammenhängen, dass an der Ecke vor der Eingangstür der Eulenbrunnen von Heinrich K. Mangold steht.

Als Kunst am Bau wollte man einen Brunnen mit elegantem Geländer zwischen den zwei fünfstufigen Treppen vor der Stadtbibliothek platzieren. Der Kunstpädagoge Mangold, der in Schwabach lange die Künstlervereinigung Tangente leitete und am Wolfram-von-Eschenbach-Gymnasium unterrichtete, gewann den Gestaltungswettbewerb mit einem schlüssigen Konzept. Er setzte eine Eule auf den Sockel. Die Bronzefigur thront als Symbol von Wissen und Klugheit auf einem kleinen Stapel Bücher, den sie sich mit den Zehen gekrallt hat. Von dort und von den drei Becken fließt das Wasser in schmalen Rinnen nach unten.

Eine schöne Anspielung auf die absickernde Wirkung von Lektüre auf die Lesenden und die Notwendigkeit von Bildung und deren Zugang für alle über Büchereien. Die Eule hat hier alles im Blick und wacht über dem Geschehen. Ob sie George Orwells Roman 1984 in den Krallen festhält, weiß niemand. Schön wär's irgendwie.

Adresse Königsplatz 29a, 91126 Schwabach | ÖPNV Bus 61, 661, 662, Haltestelle Schwabach Ludwigstraße; Bus 663, Haltestelle Schwabach Rathaus | Tipp Ein angenehmer Ruhepunkt ist der Apothekersgarten, der bis ins Jahr 1827 zurückgeht und seit 1990 öffentlich zugänglich ist. Bänke laden zwischen Sandsteinbrunnen und Heil- und Gewürzpflanzen zum Ausruhen ein (Zugang über das feudale Sandsteintor eines ehemaligen Bauernhofes eingangs der Königstraße 3, täglich 8–19 Uhr).

83 Der Goldene Saal

Glänzend gemacht

Es ist nicht alles Gold, was glänzt. Doch im zweiten Stock des Rathauses glänzen sogar die Lüftungsdeckel golden. Das mag kitschig erscheinen, aber in diesem 65 Quadratmeter großen Raum spielt das Edelmetall die Hauptrolle, selbst wenn ein Stadtratsausschuss tagt. Das hat viel damit zu tun, dass hier kein Betuchter seinen Reichtum darstellen, sondern die Goldschlägerzunft ihrer Stadt Danke sagen wollte: mit 14.000 Folien hochfeinen Blattgolds (20 Blatt wiegen 0,169 Gramm!).

Das Geschenk war verbunden mit dem Wunsch, den abgehalfterten Sitzungssaal aufzuwerten: zu einem Goldenen Saal. Nach den Plänen des Stadtbaurats Joseph Hock begannen im Januar 1952 die Arbeiten. Die Künstler Max Friese und Kurt Severin malten unter der Decke einen umlaufenden goldenen Fries mit den Namen und Zeichen von Firmen, die in der Geschichte Schwabachs eine wichtige Rolle spielten – von der Nadelfabrik Wenglein über die Schrauben- und Federnfabrik Bergner bis zum »Schwabacher Tagblatt«. Bierbrauer und Goldschläger sind ebenso vertreten wie die Stadtwappen von 1371, 1480, 1808 und das Siegel von 1329.

Als das glänzend gemachte Umbauprojekt samt Parkettboden, Kassettendecke und Heißluftanlage am 25. April 1952 eröffnet wurde, war die Begeisterung riesig. Entsprechend heftig trauerte man im Januar 1974, als ein Unbekannter nachts drei Brandsätze im Rathaus legte, wobei die Schwabacher Glück im Unglück hatten: Der Goldene Saal wurde zwar zerstört, doch das historische Rathaus konnte die Feuerwehr retten.

Dank der großen Spendenbereitschaft der Bevölkerung und vieler ehrenamtlicher Schichten wurde alles originalgetreu restauriert – bis auf den alten Kamin. Am 4. Juli 1975 feierte man Wiedereröffnung. Der Goldene Saal ist eine Schau, sogar das Holz der Wände, Tische und Vorhangkordeln glänzt gülden. Und während der Kunstausstellung »ortung« kommt alle zwei Jahre im August goldene Kunst dazu.

Adresse Königsplatz 1, 91126 Schwabach | ÖPNV Bus 61, Haltestelle Schillerplatz | Öffnungszeiten keine festen Zeiten, Besichtigungsanfragen unter Tel. 09122/8600 | Tipp Im Stadtmuseum in der Museumsstraße 1 gibt es eine Goldschläger-Schauwerkstatt. Es werden Vorführungen für Einzelpersonen und Gruppen angeboten (Infos unter Tel. 09122/860-24).

84_Die Henne und das Ei

Eine goldrichtige Frage

Was war zuerst da, das Huhn oder das Ei? Eine uralte Frage, die noch immer die Menschheit bewegt. In Schwabach hat sie der Bildhauer Clemens Heinl im Sommer 2003 im Rahmen der »ortung« vor dem Martin-Luther-Platz aufgegriffen. Auf einer Rasenfläche hatte eine Henne mittags um zwölf ihren großen Auftritt – als Huhn, das goldene Eier legt. Es war ein tierisches Blattgoldspektakel, das zu einem künstlerischen Nachspiel führte, welches wiederum Schwabach das größte Ei der Stadt bescherte.

Der umtriebige Gastronom, Altstadtsanierer und Festveranstalter Rudi Nobis wollte das Huhn-Ei-Thema im öffentlichen Raum weiterspinnen und konnte Clemens Heinl für eine Installation zur Ausgangsfrage gewinnen. Nach längerem Brüten kam ein über einen Meter hohes goldenes Ei heraus, dessen Glanz und Größe eine schwarze Henne offensichtlich so heftig erschreckt, dass sie die Flügel hochstreckt und den Schnabel aufreißt. Es scheint, als wollte sie uns sagen: »Mensch, mit so einem Monstrum habe ich nichts zu tun!«

Bei Passanten sorgt die Szenerie in der Regel für eine gewisse Heiterkeit, wobei es vorkommt, dass Leute vor lauter Ei das Federvieh übersehen. Derweil wird am Rand des Hochbeets vor dem Bauernladen, wo das ovale Kunststück in einer Art Eierbecher fixiert ist, auf das Huhn Henriette verwiesen, das schräg gegenüber, nicht weit vom Gambrinusbrunnen, auf einem Mauervorsprung montiert ist. Auf der Infotafel wird ein pfiffiger Seitenblick zum goldenen Ring am Schönen Brunnen in Nürnberg erkennbar: »Wer sie freundlich berührt, hat einen Wunsch frei.«

Leichtgläubige Touristen fassen Henriette sicher ebenso oft freundlich an, wie 20 Kilometer entfernt der Wunschring am Hauptmarkt gedreht wird. Beim Ei werden derweil auch Leute dabei beobachtet, wie sie mit dem Taschenmesser daran herumfuhrwerken. Kratzspuren zeugen von (erfolglosen) Bemühungen, ans schnelle Gold zu kommen.

Adresse Höllstraße, 91126 Schwabach | ÖPNV Bus 663, 664, Haltestelle Schwabach Rathaus | Tipp Nebenan werden in einer Schauwerkstatt Exponate aus der 2007 geschlossenen Schwabacher Goldschlägerei von Willi Eckert aus der Zeit von 1900 bis 1910 gezeigt. Während des Bürgerfestes, zur Kirchweih und in der Weihnachtszeit wird hier von einem Goldschlägermeister das alte Handwerk vorgestellt.

85 Das Luna-Kino

Lichtspiele im Fachwerkhaus

Im Scala gingen die Lichter 2014 aus, im Lichtspielhaus deutlich früher. Doch das Luna hat überlebt und zählt heute zu den ältesten Kinos in Deutschland. Ein Glück für Schwabacher Cineasten und sonstige Liebhaber des Lichtspieltheaters an der Neutorstraße, in dem seit 1913 ununterbrochen Kinofilme gezeigt werden. Und das in einem der schönsten Fachwerkhäuser der Schwabacher Altstadt, dessen Geschichte bis 1463 zurückreicht.

Wer die drei Stufen zur Eingangstür hochgeht und ins Foyer tritt, dem fällt ungeachtet der Behälter für Zuckerwatte, Nachos und Popcorn das kunstvolle Jugendstil-Interieur auf: das goldumrahmte Kassenkabäuschen, die Kassettentüren mit den geschwungenen Griffen, die in die drei mit modernster Technik ausgestatteten Kinosäle führen, die dreieickigen Wandleuchten und der steinerne Wandbrunnen samt Faun, der eine Kaspermaske in der Hand hält.

Während die Komiker Laurel und Hardy als Kunstfiguren im Regal stehen, hängt die Anerkennungsurkunde des Bezirks Mittelfranken, die 2014 für »hervorragende denkmalpflegerische Leistungen« verliehen wurde, dekorativ an der Wand.

Die auf Fotos dokumentierte Restaurierung des Gebäudes zum 100-jährigen Kino-Bestehen sorgte dafür, dass das Lichtspieltheater in ein neues Buch über die schönsten Theater in Bayern aufgenommen wurde. Norbert und Gerlinde Flecken, die seit 2002 die Familiendynastie Edelmann-Flecken fortsetzen, haben die Buchseiten ins Schaufenster gestellt. Sie zeigen: Die Legende lebt!

Spannend liest sich die Geschichte des Gebäudes, das ab dem 16. Jahrhundert eines von neun Erbbrauhäusern war, wo Braumalz zu Bier gebraut werden durfte. Das war lukrativ für die Eigentümer, unter denen sich Metzger, Tabakhändler, Stadtbaumeister, Ratsherren und Bürgermeister befanden, und führte zu diversen Anbauten. Für das Kino wurde 1913 der Saalbau plus Restauration umgestaltet – damals bereits mit Notausgängen.

Adresse Neutorstraße 1, 91126 Schwabach | ÖPNV Bus 61, Haltestelle Schwabach Neutorstraße | Öffnungszeiten je nach Filmstart, Infos unter Tel. 09122/5200 und www.luna-theater.com | Tipp »Feser Tradition« heißt das Museum des Autohauses Feser-Graf im Gebäude der ehemaligen Schraubenfabrik Jäger in der Walpersdorfer Straße 6. Auf drei Etagen sind über 70 Oldtimer aus den Baujahren 1921 bis 1990 zu sehen, darunter VW-Busse, Käfer, Audi und DKW, aber auch alte Landmaschinen, ein Porsche 911 und das Horch 853 Sport-Cabrio von 1936, mit dem Udo und Peter Feser regelmäßig bei der »Mille Miglia« in Italien mitfahren (www.feser-graf.de).

86__Das Gut Mittelbüg

Frischer Bambus für Pandabären

Die Geschichte des Guts Mittelbüg bei Schwaig reicht bis ins 16. Jahrhundert zurück, was sich an der schmucken Wendescheune am Eingang widerspiegelt. 1921 kaufte die Stadt Nürnberg das Anwesen und führte es als Bauernhof. Nach 1945 wurden die Erzeugnisse zur Versorgung von Krankenhäusern und Altenheimen verwendet. 1972 übernahm der Tiergarten die Regie, kämpfte aber mit Essensresten, Besteckfunden und der Rentabilität. So kam 1988 eine Zäsur. Seitdem ist das Gut allein für den Tiergarten da, der dadurch als einziger Zoo in Deutschland sein ganzes pflanzliches Futter selber herstellt – und das seit 2013 mit Biozertifikat.

26 Hektar umfassen die Ländereien in Schwaig, weitere 64 Hektar werden im Raum Nürnberg bewirtschaftet. Gerd Schlieper leitet den Betrieb mit zehn Angestellten. Weizen, Mais, Kartoffeln und Möhren werden für die Pflanzenfresser des Tiergartens angepflanzt, aber auch spezielle Leckerbissen für einzelne Arten, wie frischer Bambus für Pandabären oder Weidelgras für Seekühe, wovon ein Manati ein Kilogramm am Tag verspeist.

Weitere Aktionsfelder sind das Kompostieren und Verarbeiten des Dungs von Zebras, Kamelen und Wasserbüffeln oder die Aufzucht von bedrohten Tieren. Dazu gehören Harpyienadler und Rotkopfschafe, bei denen man mit der Noris Inklusion am Marienberg kooperiert. In der Quarantänestation landen öfters exotische Gäste, die etwa am Flughafen entdeckt wurden. Die Zusammenarbeit mit anderen Zoos führt dazu, dass sogar mal Löwen zu Besuch sind, wenn deren Gehege andernorts modernisiert werden muss.

Ein großes Herz hat Gerd Schlieper für die Bildhauer der Akademie der Bildenden Künste, die regelmäßig mit Holzstämmen versorgt werden. Im Gegenzug landet als Dankeschön mal eine Skulptur in der Futterhalle. Die Bildungsarbeit für Erwachsene, Schulklassen und Kinder ab vier Jahren spielt in Mittelbüg auch eine wichtige Rolle. Man kann sogar das Melken üben.

Adresse Mittelbügweg 99, 90571 Schwaig, Tel. 0911/5454833, www.tiergarten.nuernberg.de/erlebnisse | ÖPNV Bus 40, Haltestelle Schwaig Lortzingweg | Öffnungszeiten Angebote siehe Website | Tipp Am Rand des Guts Mittelbüg führt der Fünf-Flüsse-Radweg durch das Pegnitztal. Unterwegs locken viele Attraktionen.

87 Retterspitz

Ein zeitloses Allheilmittel

Bei Retterspitz denkt man an ein altes Hausmittel, das gegen alles hilft und aus dem Schwarzwald oder der Schweiz stammt. Doch Pustekuchen: Das Präparat der »Universal-Heilwickel-Bäder« wurde 1901 in Fürth von Margarete Retterspitz als Warenzeichen angemeldet. Da sie danach tatsächlich in die Schweiz ging, erwarb der Nürnberger Apotheker Hans Scheck die Rechte an der Rezeptur des »Retterspitzwassers«, das ihm von einem Magenleiden erlöst hatte, und gründete 1902 einen Betrieb in der Oberen Baustraße, den Sohn Hermann ab 1935 ausbaute.

Wegen der Zerstörungen im Zweiten Weltkrieg folgte 1961 der Umzug nach Behringersdorf. Mit Enkel Gerhard Valet übernahm 1966 ein promovierter Arzt die Geschäfte, der Heilpräparate und Pflegekosmetik entwickelte, die medizinisch anerkannt und in Apotheken zu bekommen sind. Auf dem Firmengelände stehen moderne Gebäude strahlend weiß neben Klinkerbauten. Seit 2005 führen Markus und Florian Valet den Familienbetrieb in vierter Generation sehr traditionsbewusst, aber mit Weitblick. »Mehr ist mehr« heißt ihr Leitsatz mit Verweis auf Qualität, Ästhetik und Nachhaltigkeit. 60 Produkte umfasst das Sortiment, unter dem Motto »Heilen, pflegen und wohlfühlen« ist von der Muskelcreme über Wickel-Sets bis zum Raumduft vielerlei zu entdecken.

Um die Wege kurz zu halten, befindet sich fast alles in Behringersdorf vor Ort, 2019 entstand der jüngste Neubau. Da strenge Hygienevorschriften einen Werksverkauf oder Führungen massiv erschweren, haben die Valet-Brüder 2021 einen wegweisenden Schritt getan und nach 120 Jahren den ersten Retterspitz-Laden eröffnet: im Augustinerhof mitten in Nürnberg. Hier sprudelt Wasser in feinem Ambiente aus erlesenen Steinen und Robinienholz, während ein Duft aus wohlkomponierten ätherischen Ölen und Kräutern in der Luft liegt. Wie am Firmensitz, wo überall Wohlfühlatmosphäre zu spüren ist. Retterspitz halt.

Adresse Laufer Straße 17–19, 90571 Schwaig-Behringersdorf, www.retterspitz.de | ÖPNV RB30, Haltestelle Behringersdorf | Öffnungszeiten Retterspitz Flagship-Store: Mo–Sa 10-18 Uhr | Tipp Rund um Behringersdorf gibt es schöne Ausflugsziele, die man bequem zu Fuß oder mit dem Fahrrad erreicht. In Richtung Norden zum Beispiel die Ludwigshöhe, die eine schöne Aussicht bietet, und im Süden der Ortsteil Malmsbach, wo noch Reste des mittelalterlichen Schlosses stehen.

88 Das Schwarzachtal

Grandiose Felsformationen

Beim ersten Mal ist es am schönsten. Immer wieder muss man anhalten, wenn man durch das Schwarzachtal wandert, und die grandiosen Felsformationen bewundern, die das Wasser in Millionen von Jahren gebildet hat. Mal sind sie zerklüftet, mal eher sanft geformt. Mal wirkt das Szenario einladend, mal bedrohlich. Es ist schlicht atemberaubend, wie kreativ die Natur hier am Werk war und immer noch ist. Und je nach Jahreszeit, Wetter und Wasserstand ist es immer ein bisschen anders.

Ein einzigartiges Geotop ist in 215 Millionen Jahren entstanden, was viel mit Burgsandstein zu tun hat, der als hart und widerstandsfähig gilt, aber auch Teile mit weicherem Material beinhaltet. So hat die Schwarzach nur an bestimmten Stellen in den Burgsandstein eingeschnitten, weshalb sich schluchtartige Wände wie in einer Klamm bildeten. Vor allem bei Hochwasser wurde der Uferbereich immer wieder unterspült, sodass sich tiefe Auskolkungen, überhängende Dächer und begehbare Brandungshöhlen bildeten. Eine davon heißt Gustav-Adolf-Höhle, weil sich der Schwedenkönig während des Dreißigjährigen Kriegs hier aufhielt.

Schon seit 1936 steht der 2,2 Kilometer lange, wilde Teil des Schwarzachtals unter Naturschutz, nicht nur wegen der Felsspektakel, sondern auch wegen der artenreichen Moose, die an Gestein und Bäumen gedeihen. Eine Besonderheit sind zudem spezielle netz- oder wabenförmige Verwitterungsformen, Bröckellöcher genannt. Vielerlei Informationen liefert der Lehrpfad des Wasserwirtschaftsamtes auf dem Wanderweg im gesamten Umfeld.

Für die Entwicklung des Schwarzachtal spielte im Übrigen eine geologische Veränderung vor 1,5 Millionen Jahren eine wichtige Rolle: Der Main durchbrach damals bei Eltmann den Steigerwald und floss anschließend nicht mehr nach Süden zur Donau, sondern nach Westen zum Rhein. Umgelenkt wurde dadurch auch die Schwarzach – der kürzere Weg erhöhte das Gefälle und die Kraft der Erosion.

Adresse Start: über den Wiesengrund, 90592 Schwarzenbruck | ÖPNV S2, Haltestelle Feucht, dann Bus 678, Haltestelle Feucht Alter Friedhof | Tipp Oberhalb des Schwarzachtals hat zeitgenössische Kunst in Gsteinach großformatige Spuren an Fassaden hinterlassen. Das Ergebnis eines Street-Art-Projekts sieht spannend aus und schreit nach einer Fortsetzung.

89_Die Villa-Flaire

Ein ganz eigenes Flair

Das Blätterrauschen ist umwerfend. Schon bei leichtem Wind nimmt einen die natürliche Geräuschkulisse kräftig in Beschlag. Das liegt am reichen Baumbestand, der das frühere Jagdhaus »Schloss Hubertus« umgibt. Dichtes Blattwerk sorgt auch dafür, dass Spaziergänger und Radler das Anwesen nicht wahrnehmen, wenn sie am alten Ludwigskanal unterwegs sind.

Um 1910 zog man am heutigen Salachweg die ersten Mauern hoch. Das Gebäude wurde mehrmals vergrößert, 1940 erwarb die Stadt Nürnberg die mit Wohn-, Wald- und Rasenflächen rund 20.300 Quadratmeter große Immobilie, um daraus ein repräsentatives Gästehaus für die NS-Reichsparteitage zu machen. Hermann Göring ließ sich das Gebäude luxuriös mit Marmor, Sandstein und Parkett umbauen. Er war öfters dort, obwohl keine Reichsparteitage mehr stattfanden.

Nach 1945 folgte die Nutzung als Waisenhaus, Erziehungsheim, Tbc-Heilstätte und – von 1982 bis 2012 – als Schullandheim. Nach drei Jahren Leerstand und einem Intermezzo als Unterkunft für minderjährige Flüchtlinge verhandelte der Verein Laissez-Faire lange, bis der Kaufvertrag im Sommer 2022 in trockenen Tüchern war. Der junge Kultur-Club, der 2018/19 Partys und Events bei der Schleuse 47 am Alten Kanal veranstaltete, will mit der Villa-Flaire ein Kultur- und Begegnungszentrum etablieren.

Nach dem halbjährigen Umbau gibt es eine Gastronomie mit Veranstaltungssaal im Erdgeschoss, ein Tonstudio im Keller und einen Co-Working-Space im ersten Stock. Der Biergarten wurde mit einem Weihnachtsmarkt eröffnet, Kunstraum, Erlebniswerkstatt, Jugendtreff, Seniorencafé und ein »Geheimer Garten« sind in Vorbereitung. Und im »Gedächtnisraum« werden die unrühmlichen Kapitel des Anwesens dokumentiert. Lena Schenk, die Mutter von Vereinschef und Geschäftsführer Tim Schenk, wird sich darum kümmern. Diese Villa wird ein ganz eigenes Flair entwickeln, inklusive schönem Blätterrauschen.

Adresse Salachweg 8, 90592 Schwarzenbruck, www.villa-flaire.org | ÖPNV S3, Haltestelle Burgthann, dann Bus 503, Haltestelle Pfeifferhütte | Tipp Bei Pfeifferhütte gab es am alten Ludwigskanal früher eine Güterverladestelle, dort wurde ein schöner Picknickplatz mit Infotafeln eingerichtet.

90 Die Alte Mine

Feine Bleistift-Zeitreise

Wer die Geschichte des Bleistifts nicht nur sehen, sondern hautnah erleben will, muss die »Alte Mine« besuchen. So heißt das Museum, das Faber-Castell in einem alten Fabrikgebäude an der Rednitz eingerichtet hat. 2002 waren zwei Stockwerke leer gestanden, in denen über 150 Jahre die Bleistifte des 1761 gegründeten Unternehmens produziert worden waren. Bis 2006 die Türen wieder aufgingen, war viel Spürsinn gefordert, weil das Gros der alten Maschinen nicht mehr vor Ort war, sondern von vielen Seiten zusammengetragen werden musste.

Der Kraftakt hat sich gelohnt, wie die 90-minütige Führung beweist. Man lernt, dass Schreiner um 1660 in Nürnberg die ersten Bleistifte herstellten und dabei noch lange von Bleiweißschneidern abhängig waren, die ihnen die Graphitstangen gaben. Erst 1731 wurden Bleistiftmacher unabhängig und erhielten eine eigene Handwerksordnung. 1795 hatte der Franzose Nicolas-Jacques Conté die zündende Idee für die industrielle Herstellung, indem er Graphitpulver mit Ton vermischte und danach brannte. Der Arbeitsprozess wurde anspruchsvoller, viel Energie war nötig, die bis heute mit Wasserkraft gewonnen wird.

Spuren von Graphit und Feuer riecht man im Mauerwerk. Und am liebsten würde man auf der feinen Bleistift-Reise ein paar Minen im Trockenregal ausprobieren. Spannend ist der Blick in die historischen Labore und besonders auf das soziale Bewusstsein der Familie Faber-Castell. Sie unterstützte die evangelische Kirche, sie richtete Bibliotheken und die erste Betriebskrankenkasse sowie Kinderkrippenplätze und Duschen für Arbeiter ein. Sie förderte Weiterbildung und gesundes Essen – das nennt man Nachhaltigkeit und Fürsorge.

Trotzdem hat sich viel verändert. Vor allem die Zeit für die Herstellung von Bleistiften hat sich durch den automatisierten Produktionsprozess deutlich reduziert – von früher mehreren Wochen auf einige Tage heute.

Adresse Mühlstraße 2, 90547 Stein, www.faber-castell.de | ÖPNV Bus 63, 64, 67, Haltestelle Stein Schloss | Öffnungszeiten Termine für die 90-minütige Führung online buchbar | Tipp Interessant ist auch der Blick in das Besucherzentrum von Faber-Castell an der Nürnberger Straße 2 neben dem Faber-Schloss. Dort erfährt man viel über die Firmengeschichte, die aktuelle Stiftepalette und den umweltbewussten Umgang mit Rohstoffen mit dem Ziel der »klimaneutralen Produktion«.

91 Das Freiland-Terrarium

Die Macht des Frosches

Zum Glück gibt es im Rednitztal viele Wegweiser. So ist das Freiland-Terrarium gut zu finden, obwohl es weit hinten am Rand des feuchten Haselgrabens liegt. 5.400 Quadratmeter groß ist das Gelände, das die 1906 gegründete Abteilung Aquarien- und Terrarienkunde der Nürnberger Naturhistorischen Gesellschaft (NHG) 1925 erwarb. Zuerst wurden Tümpel angelegt. Da die Aktiven das Tierfutter selbst beschafften, wurden sie intern »Flohfänger« genannt.

Zügig bauten sie ein Vereinsheim, in dessen Keller 22 Aquarien passten, in denen bis heute einheimische Fische leben. 1927 wurde das Freiland-Terrarium eröffnet. Hochwasser, der Krieg, ein Wirbelsturm, giftige Abwässer und andere Überschwemmungen sorgten wiederholt für Schäden und Zwangspausen. Seitdem das Gelände 2004 an den Steiner Kanal angeschlossen ist, scheint die Gefahr von Überflutungen gebannt.

24 Stationen umfasst das Freiland-Terrarium, die übersichtlich auf einer großen Tafel vorgestellt werden. Vom Feuersalamander über Sumpfschildkröten bis zu den Wildbienen reicht die Palette. Vertreten sind zudem vielerlei Kröten, Unken, Schlangen und Frösche, die aber dazu neigen, sich zu verstecken, weshalb Besucher schon etwas Spürsinn benötigen. Die präparierten Läuse, Käfer und Libellen kann man im Vergleich deutlich besser unter dem Mikroskop anschauen.

Ein Spaziergang durch die Anlage birgt kreuchende und fleuchende Entdeckungen. Da nicht an Infotafeln gespart wurde, bekommt man viel Stoff, um das biologische Wissen aufzufrischen. So wird eine Runde zu einer fröhlichen Lehrstunde für Jung und Alt. Interessant ist, dass auffällig viele Großeltern mit ihren Enkeln hierherkommen. Das Verblüffendste am Freiland-Terrarium ist aber der kostenlose Eintritt. Die Betreiber bauen auf die Macht des Spendenfrosches, der am Ende mit seinem breiten Maul um eine milde Gabe bittet. Das scheint gut zu funktionieren.

Adresse Heuweg 16, 90547 Stein, www.freiland.nhg-nuernberg.de | ÖPNV U2, Haltestelle Röthenbach, dann Bus 63, Haltestelle Stein Sommerstraße | Öffnungszeiten 1. Mai–30. Sept. Sa, So und Feiertage 10–18 Uhr, Gruppenführungen nach Vereinbarung unter Tel. 0911/227970 buchbar | Tipp Durch das Rednitztal kommt man südwärts zur Gerasmühle, wo es eine Industriesiedlung mit Wasserkraftwerk gibt, die zum Teil saniert und zu Wohnraum umfunktioniert wurde. Ein Stück weiter befindet sich in Mühlhof ein kleines Feldbahnmuseum.

92 Die Graffiti-Mauer

Ein Segen für Sprayer

Graffiti haben etwas Anarchisches. Deshalb fragen Sprayer eigentlich nie um Erlaubnis, sondern hinterlassen ihre Bilder und Botschaften flugs an Häusern, Brücken und Mauern. Hauptsache, sie sind sichtbar und man wird nicht erwischt, denn der Tatbestand der Sachbeschädigung kann richtig teuer werden. Da ist es doch erfreulich, wenn sich ein Kompromiss findet, wie vor rund 25 Jahren an der Castellstraße geschehen. Der Unternehmer Anton-Wolfgang Graf von Faber-Castell hat sich damals als Vorreiter profiliert und die lang gezogene Mauer seines Werksgeländes für die künstlerische Freiheit zur Verfügung gestellt.

Der Schritt hatte auch mit der Erkenntnis zu tun, dass Graffiti-Künstler nicht nur zur Spraydose greifen, sondern vorab gern mit Stiften ihre Motive skizzieren. Die Freigabe der Mauer war verknüpft mit dem Ziel, es mögen kreative Wandbilder entstehen und die Fabrikfassaden in Ruhe gelassen werden. Eine Win-win-Situation, die sich etabliert hat. Selbst wenn sich längst nicht alle Sprayer an der Pforte anmelden, was wiederum toleriert wird.

Ständig wird hier übersprüht, kaum ein Bild bleibt länger als vier Wochen. Geschafft haben das nur eine feurige Diddl-Maus und ein packendes Kürbiskopfmonster. Ein gutes Dutzend Sprayer ist manchmal gleichzeitig am Werk, und unübersehbar sind auch FCN-Fans darunter. Da sich die Existenz der gut 300 Meter langen Gratisfläche überregional herumgesprochen hat, trifft man auf eine bunte Szenerie. Inklusive zwei sprühaktiven Vätern aus Erfurt, die spontan mit ihren Söhnen zu einer Spritztour aufgebrochen sind.

Da zwei Scheinwerfer auf dem Firmengelände für genügend Streulicht an der Mauer sorgen, kann im Prinzip rund um die Uhr gesprüht werden. So riecht es irgendwie immer nach frischem Sprühlack, was wiederum neugierige Spaziergänger anzieht, die Ausschau nach neuen grellen Wandbildern halten.

Adresse Mauer entlang der Castellstraße, 90547 Stein | ÖPNV Bus 63, 64, 67, Haltestelle Stein Schloss | Tipp Ein Herz für Graffiti-Sprayer hat inzwischen auch die Stadt Fürth entwickelt. 2022 durften Künstler eine 250 Meter lange Mauer entlang des Grundig-Parks am Europakanal und zudem eine große Wand der neuen Feuerwache gestalten.

93__Der Partnerschaftsbrunnen

Berauschende Steine

Man könnte ewig auf einer der sieben Bänke sitzen, die unter dem dichten Blätterdach der zehn Morgenländischen Platanen stehen, und dem Spiel des Wassers lauschen, das zwischen mehr oder weniger großen Steinen verläuft. Ein geruhsames Rauschen liegt in der Luft, das dem Straßenlärm von der Hauptstraße die Stirn bietet und für einen angenehmen Kontrapunkt sorgt.

Wie würdigt man das Miteinander von Partnerstädten? So lautete Ende der 1990er Jahre die Frage, als in Stein die zehnjährige Freundschaft mit Falkenstein im Vogtland und Guéret in Frankreich näherrückte. Eine Straße danach zu benennen, wäre ein Weg gewesen, in Stein ging man einen Schritt weiter: Ein Brunnen sollte die passende Verbeugung vor der Partnerschaft werden. Ausgesucht wurde dafür die freie Fläche im kleinen Geschäftsviertel am Scherbershof.

Eine im wahrsten Sinne gewichtige Rolle bei der Brunnenanlage sollten Steine aus den beiden Partnerstädten haben. Helle Quader aus Falkenstein und dunkle Findlinge aus Guéret wurden favorisiert. Nach einem Gestaltungswettbewerb erhielt der damals in Fürth beheimatete japanische Bildhauer Kunihiko Kato den Auftrag, die Ideen und Wünsche aus dem Rathaus in eine ästhetische Form zu gießen.

Auf den leicht abschüssigen Platz hat Kato fünf Steinplastiken gestellt, die von unterschiedlicher Form und Größe sind. Ein schmaler Spalt ist eingearbeitet, wenn Hell und Dunkel leicht versetzt aufeinanderprallen. Das Wasser bahnt sich einen Weg durch die Steine oder sprudelt aus kleineren Fontänen, zentraler Blickfang ist ein ovaler Findling in der Mitte. Im Juni 2000 wurde der Partnerschaftsbrunnen eingeweiht. Nachdem im Laufe der Zeit die Steine eine natürliche Patina bekamen, die Platanen zusammenwuchsen und 2017 ein schöneres Pflaster verlegt wurde, ist ein berauschendes Freundschaftszeichen entstanden. Eis schleckend fühlt man sich hier wie im Urlaub.

Adresse Platz zwischen Berg-, Lothar- und Hauptstraße, 90547 Stein | **ÖPNV** Bus 63, 64, 713, 714, Haltestelle Stein Kirche | **Tipp** Einen Steinwurf entfernt befindet sich »Eddys Eisdiele Venezia« in der Hauptstraße 12, die seit Jahrzehnten zu den besten ihrer Art im Großraum Nürnberg zählt. 2022 übergaben Eduardo und Anna Viel die Eisdiele nach 39 Jahren an Salvador Mazuco Jeferson, inklusive der bewährten Rezepte.

94 Die Paul-Gerhardt-Kirche

Geometrische Leichtigkeit

Allein der Blick von unten durch die Kuppel hat etwas Himmlisches. Man kann sich nicht sattsehen, so fesselnd verbinden sich gleichseitige Drei- und Sechsecke. Das Spiel mit der Geometrie verändert sich mit dem Sonnenstand und der Dichte der Wolkendecke. Die Formen erinnern an riesige Eiskristalle, die in Grau- und Blautönen funkeln. Man muss sich nicht großartig anstrengen, um die Zeichen der Dreieinigkeit zu entdecken, die zu einer christlichen Kirche gehören. Vater, Sohn und Heiliger Geist scheinen durch Glas und Stahl zu mäandern.

Der Münchner Architekt Hans-Busso von Busse hat einen großartigen spirituellen Raum geschaffen, der im Gegensatz zu manch anderen Gotteshäusern nichts Bedrückendes hat, sondern wohltuend licht und leicht wirkt. Man muss nicht an Gott glauben, um sich hier geborgen zu fühlen. Insofern ist dieser Zentralbau ein gelungenes Beispiel dafür, dass eine moderne Kirche schön sein und Zuversicht vermitteln kann.

Im Dezember 1992 wurde die evangelisch-lutherische Paul-Gerhardt-Kirche eingeweiht. Zwei Jahre danach kam der Glockenturm, der neben der Tür platziert wurde, im April 2000 folgte die Orgel mit 874 Pfeifen. 1984 war die Gemeinde in Stein-Deutenbach selbstständig geworden, ein Architekturwettbewerb führte zu der gläsernen Kirche, die an Winterabenden zu einem leuchtenden Kristall wird.

Ein gleichseitiges Dreieck ziert den runden Altar, neben dem eine ungeschönte Plastik des Gekreuzigten, geschaffen vom Steiner Künstler Hans-Peter Widrig, mit der kreisförmigen Glasscheibe von Renato Santarossa harmoniert. Die Besucher sitzen im Halbkreis wie in einer Arena, was Konzentration und Gemeinschaftsgefühl fördert. Hervorragend ist auch die Akustik, weshalb die Kirche regelmäßig für Konzerte und Lesungen genutzt wird. Und im Vorraum laden Spielecke, Büchertauschtisch und ein Sofa zum Verweilen ein. Gut gemacht.

Adresse Goethestraße 3, 90547 Stein-Deutenbach, Tel. 0911/687788 | ÖPNV Bus 64, 154, Haltestelle Schillerstraße | Öffnungszeiten offene Kirche täglich 8–18 Uhr | Tipp Von Deutenbach kommt man über die Gerasmühle runter ins Rednitztal, wo ein Rad- und Wanderweg bis nach Schwabach führt.

95 Der Pilger Anton

Auf zum Jakobsweg

So sieht ein glücklicher Wandersmann aus. Mit versonnenem Blick sitzt er grinsend an der Seite einer Bank, in der linken Hand hält er seinen Stock, die rechte ruht auf der Lehne. Seine Stiefel hat er ausgezogen, die Beine sind an den Knöcheln gekreuzt, die nackten Füße schauen himmelwärts, während der Hut auf dem Rucksack steckt, den eine Jakobsmuschel ziert. Anton heißt der Pilger, der im September 2018 am Rand des Deutenbacher Plärrers aufgestellt wurde, wo drei Ausläufer des berühmten Jakobswegs aufeinandertreffen. Und das war auch der Grund, warum man in Stein das Umfeld des Kreisverkehrs einladender gestalten wollte.

Den Kunstwettbewerb gewann der Bildhauer Theo Steinbrenner, für dessen Figur mit seinem Freund Reinhard Leibold ein ehemaliger Deutscher Meister im Marathonlauf als Modell fungierte. Er startete früher für die LAC Quelle Fürth und ist heute noch viel zu Fuß unterwegs. Die Bronzeskulptur lädt jedenfalls Spaziergänger, Passanten und Pilger dort zum Verweilen ein, wo sich der Ostbayerische Jakobsweg und der Jakobsweg III zum Mittelfränkischen Jakobsweg vereinen.

Auf einer Tafel erfährt man mehr über die Route, die auf 87,6 Kilometer Länge von Nürnberg über Stein, Roßtal, Großhabersdorf und Heilsbronn bis Rothenburg ob der Tauber führt. 14 Kirchen liegen entlang der Strecke, die nächstgelegene ist St. Jakobus ganz in der Nähe in Stein-Oberweihersbuch.

Auf einer zweiten Infostele ist eine historische Flurkarte abgebildet, die aus der Zeit der Landvermessung zwischen 1808 und 1864 stammt, als für das bayerische Königreich der erste Grundsteuerkataster erstellt wurde. Namen wie Hof-, Gaß- und Mühlacker stehen auf dem Auszug von Oberdeutenbach, wo der Jakobsweg noch nicht auftaucht. Theo Steinbrenner hat übrigens seinen Pilger bewusst nicht Jakob genannt, sondern den Vornamen seines Enkels favorisiert – und der heißt Anton.

Adresse am Deutenbacher Plärrer, wo Regelsbacher Straße und Hofäckerstraße aufeinandertreffen, 90547 Stein | ÖPNV Bus 63, 150, 154, Haltestelle Deutenbach Mitte | Tipp Keine zehn Minuten zu Fuß entfernt befindet sich in der Albertus-Magnus-Straße 29 das Spaß- und Wellnessbad Palm Beach, das nach einer langen Wandertour auf dem Jakobsweg ideal zum Entspannen und Erholen ist (www.palm-beach.de).

96__Die Radball-Halle

Wie die Weltmeister

»Auf geht's, Steiner, auf geht's!«, schallt es durch die Turnhalle am Neuwerker Weg, die 1971 mit der angrenzenden Schule gebaut wurde. Ein Betonklotz, in dem es rund geht, wenn die Steiner Radballer zum Bundesliga-Turnier laden. 300 Fans feuern die Lokalmatadoren vom RMC Lohengrin an und klatschen begeistert, wenn die Cousins Bernd und Gerhard Mlady klar gewinnen. Das kommt oft vor, denn das Duo, Jahrgang 1990, ist amtierender Deutscher Meister und Vizeweltmeister, 2017 und 2021 holten sie sogar den Weltmeister-Titel.

Schneller Antritt, präziser Pass, Schuss, Tor: Es ist beeindruckend, wie artistisch die Mladys, die seit dem sechsten Lebensjahr zusammen spielen, auf den Spezialrädern mit dem 600 Gramm schweren Rosshaarball umgehen. Da gibt es keinen Leerlauf, höchstens mal schweißtreibende Hüpf- und Steheinlagen auf engstem Raum. Angesichts der Intensität der zwei mal sieben Minuten langen Partien fragt man sich: Warum ist Radball eine Randsportart, die in den Medien kaum auftaucht und auch nicht bei den Olympischen Spielen vertreten ist? Die Antwort: Es gibt zu wenige nationale Verbände. Im Vergleich zur anarchisch angehauchten BMX-Szene wirkt die Eigenvermarktung der Radballer allerdings auch ein bisschen altbacken.

Radsport hat in Stein eine lange Tradition. Der RMC Lohengrin wurde 1897 gegründet und bietet Kunstradfahren sowie Radball für Männer und Radpolo für Frauen. Auch die Mlady-Papas feierten einmal Radballerfolge auf bayerischer Ebene. Da sich Peter und Kurt Mlady aber um ihre Fahrradgeschäfte in Stein und Oberasbach kümmern mussten, hatten sie keine Zeit für internationale Turniere. Die Karriere überließen sie den Söhnen, die sie kräftig unterstützen. Zweimal pro Woche wird in der Halle am Neuwerker Weg trainiert, wo seit über 50 Jahren die Heimat der Steiner Radballer ist. An der Schule gibt es neuerdings eine Radball-AG, weltmeisterlich gecoacht von Gerhard Mlady. Auf geht's!

Adresse Neuwerker Weg 29, 90547 Stein, www.rmcstein.de | **ÖPNV** Bus 67, Haltestelle Neuwerker Weg | **Tipp** Der Stadtpark an der Deutenbacher Straße ist zwar ein bisschen in die Jahre gekommen, mit dem liebevoll gemachten Eisenbahn-Spielplatz und der knallorangen »Großen Hülle« des Künstlers Werner Knaupp bietet er aber zwei Attraktionen für Klein und Groß.

97__Der Wallenstein-Weg

Dem Krieg auf der Spur

Der Dreißigjährige Krieg stand 1632 im Raum Nürnberg/Fürth vor der entscheidenden Schlacht, die am 3. September 1632 bei der Alten Veste aber ergebnislos endete, weshalb die brutale Auseinandersetzung zwischen den Truppen von Wallenstein und Gustav Adolf noch 16 Jahre weiterging, bis der Westfälische Friede geschlossen wurde. Dauerhafte Spuren hat der Krieg in Stein, Oberasbach und Zirndorf hinterlassen, wo Wallenstein damals sein Lager für 50.000 Soldaten und 15.000 Pferde einrichtete, zu dem noch weitere 30.000 Menschen – Familien, Händler, Gaukler, Prostituierte – stießen.

Dies führte zu massiven Eingriffen in die Landschaft. Am Rand von Unterweihersbuch wurden zum Beispiel riesige Schanzen angelegt, doch lange sprach niemand darüber – hier sollte sogar eine Umgehungsstraße durch den Fürther Landkreis entstehen. Darauf wurde verzichtet, als die historischen Dimensionen bekannt wurden. Lange hingen hier aber nur Tafeln mit knappen Informationen über die Vorkommnisse um 1632. Das hat sich durch den im März 2021 eröffneten »Erlebnisweg Wallensteins Lager«, den man zu Fuß und per Fahrrad erkunden kann, erfreulicherweise verändert.

Nach dem Vorstoß der Initiative »Regionalpark Pegnitz-Rednitz-Regnitz« nahm das Projekt ab 2017 Formen an. Auf dem 20,4 Kilometer langen Rundweg kann man sich zwischen Stein und Zirndorf auf Spurensuche begeben. 28 Stationen informieren über das Lager, den Krieg und die Folgen.

Das Konzept überzeugt: Mit einer markanten Plastik aus rostigem Stahl wird auf einer Infostele der jeweilige Aspekt beleuchtet, über einen QR-Code kann man per Handy mehr erfahren. Oberhalb von Unterweihersbuch begegnet man den Porträts der beiden Kriegsherren, in Zirndorf wird das traurige Schicksal der Trossbuben aufgegriffen, und am südlichen Zugang des Hainbergs wird es besonders dramatisch: Dort befand sich ein Massengrab.

Adresse Start des Hauptwegs am Kulturhaus des Bezirks Mittelfranken, Asbacher Weg 3, 90547 Stein-Unterweihersbuch | ÖPNV Bus 63, Haltestelle Unterweihersbuch | Tipp Im 2017 eröffneten Kulturhaus des Bezirks Mittelfranken in einem alten Bauernhaus aus dem späten 18. Jahrhundert ist die Trachtenforschungs- und -beratungsstelle des Bezirks mit einem großen Textilarchiv ansässig, das 3.000 Teile umfasst. Besuche sind nur nach Voranmeldung möglich (Tel. 0981/466454000).

98__Der Wasserturm

Technik-Denkmal mit Aussicht

Die kleine Gemeinde Tauchersreuth liegt zwischen Heroldsberg, Eckental und Lauf am Schwarzen Jura auf 436 Metern. Als um 1900 eine zentrale Wasserversorgung die Nutzung der immer wasserärmeren Dorfbrunnen ablösen sollte, hatten die rund 100 Einwohner ein Problem: Sie wohnten zu weit oben, und die nächste größere Quelle war mit über einem Kilometer zu weit entfernt. Man musste sich etwas einfallen lassen. So entstand 1907 ein Unikum, das bis heute in Technikerkreisen für Begeisterung sorgt.

Als markantes Zeichen steht der »Wasserturm von Tauchersreuth« am Ortsausgang leicht erhöht am Rand der Höhenstraße in Richtung Oedenberg. Bei ihm endet die mit Quellwasser gespeiste Leitung, die von einer Wasserpumpe angetrieben wird und lediglich mit dem Fließdruck des Wassers arbeitet.

Im Fachjargon wird dieser Baustein »hydraulischer Widder« (oder Stoßheber) genannt. Das Prinzip gilt bis heute als technische Meisterleistung am Beginn des 20. Jahrhunderts, weil dadurch ein hoch gelegenes Dorf wie Tauchersreuth mit Trinkwasser versorgt werden konnte. Um Verbrauchsschwankungen auszugleichen, wurde der runde Wasserbehälter errichtet, der 7,5 Meter hoch ist, einen Durchmesser von 5,3 Metern und ein Fassungsvermögen von 40 Kubikmetern hat. Der hölzerne Schutz erhielt damals noch einen flachen Blechdeckel und eine Wetterfahne, an der die Ziffern das Jahr 1907 ausweisen.

1976 wurde alles stillgelegt, doch die Frankenbund-Gruppe »Freunde des Neunhofer Landes« beantragte, das Bauwerk als Denkmal der Technikgeschichte in die Denkmalliste eintragen zu lassen. Und es hat geklappt! Dank der zahlreichen Zuschüsse und Eigenleistungen des Vereins wurden 1981 zuerst der Turm und danach die Leitung renoviert. Seit 1987 funktioniert wieder alles. Neben dem Wasserturm wird auf einer Tafel die Technik erklärt – mit einer tollen Aussicht auf die Umgebung.

Adresse Höhenstraße/am Ortsausgang, 91207 Tauchersreuth, www.wasserturm-tauchersreuth.jimdofree.com | **ÖPNV** S1, Haltestelle Lauf, dann Bus 344, Haltestelle Lauf Bitterbachhalle, dann Bus 345, Haltestelle Tauchersreuth | **Öffnungszeiten** Infos zu Führungen unter Tel. 0931/56712 | **Tipp** Ein Erlebnis ist die Abfahrt mit dem Fahrrad von Tauchersreuth nach Oedenberg, wo es mit dem Schloss Oedenberg und dem Weißes Ross zwei Gasthäuser mit schönem Biergarten gibt. Vorab aber unbedingt die Bremsen prüfen!

99 Der Bauernhof-Automat

Eier, Eis und Gelee im Vorbeigehen

»Eier« steht grün, groß und unübersehbar auf dem Holzhäuschen am Knick der Straße. Denn Eier waren 2015 der Auslöser dafür, dass Erika und Klaus Hörndler an das Aufstellen eines Automaten dachten. Weil sie dann nicht mehr dabei sein mussten, wenn jemand dringend einen Zehnerpack brauchte. Zudem hatten sich die Hörndlers, die nebenan eine Landwirtschaft in fünfter Generation führen, gerade als Erste im Umkreis ein Hühnermobil mit 225 Legehennen zugelegt. Grund genug, einen Versuch mit dem Automaten zu wagen.

In unterschiedlichen Verpackungen, roh wie gekocht, landeten die Eier in den Fächern. Und es hat funktioniert. Die Eier gingen bald weg wie warme Semmeln. Nicht nur die Nachbarschaft kam vorbei, bis nach Wolkersdorf, Mühlhof und Schwabach sprach sich die allzeit bereitstehende Versorgungsmöglichkeit herum. Da das Eier-Angebot so gut angenommen wurde, baute man das Sortiment aus. Verschiedene Nudelarten, Wurstkonserven, Apfel- und Quittengelee, Biomilch und Geräuchertes erweiterten die Produktpalette. Ein zweiter Automat folgte, sodass nun zum Beispiel auch Kartoffelchips, Hühner-Fond oder frische Fruchtgummis erhältlich sind.

Dass sogar verzehrfertiger Naturmilchreis im Glas zum Renner wurde, hat die Hörndlers richtig überrascht und mutig gemacht für Neues. Im Sommer bieten sie deshalb nun Speiseeis in einem kleinen Eisschrank an. Anders als beim Automaten, wo man zuerst Bargeld oder EC-Karte reinstecken muss, bevor das Produkt herunterfällt, läuft der Eis-Verkauf auf Vertrauensbasis. Die 2,50 Euro pro Becher wurden aber bisher immer brav bezahlt.

Wer das Automaten-Häuschen in Unterbaimbach einmal entdeckt hat, kommt immer wieder, um sich auf Knopfdruck mit Hörndler-Produkten einzudecken – ob per Fahrrad, Auto, Pferd oder zu Fuß. Nur Obst und Gemüse fehlen wegen der Frische, dafür muss man ihren Hofladen aufsuchen. Immer freitags.

Adresse Unterbaimbach 1, 91126 Schwabach, Tel. 09122/888693 | ÖPNV Bus 671, Haltestelle Unterbaimbach | Öffnungszeiten Automat 24 Stunden zugänglich; Hofladen Fr 13–17 Uhr | Tipp Für Pferdefreunde gibt es in Unterbaimbach mit dem Freizeitreiterhof Baimbachtal und nebenan in Oberbaimbach mit dem Reitstall Stürmerhof zwei renommierte Anlaufstellen. Im Ortsbild sind sie sehr präsent.

100 Die Bunker-Gedenkstätte

Mahnmal im Untergrund

Lange Zeit haben sich nur noch Ältere an den Luftschutzraum erinnert, der 1942 am Rand der Bachleite entstanden ist. Es handelte sich nicht um ein gemauertes Bauwerk seitens der Gemeinde, vielmehr griffen vor allem Frauen zu Pickel und Schaufel, um ein Unikum zu schaffen, in dem man sich in Sicherheit bringen konnte. Denn im dritten Jahr des Zweiten Weltkriegs rückte auch im Fürther Landkreis der Bombenhagel immer näher. Zeitzeugin Lotte Jungkunz berichtet: »Der Bunker war schnell fertig, innerhalb von 14 Tagen. Wir haben fast Tag und Nacht gegraben, mit sechs Frauen bei uns in der Straße. Auch die größeren Kinder haben a weng helfen müssen, weil alles schnell gehen musste.« Der in die Erde gegrabene Bunker bot bei Fliegeralarm Schutz für etwa 20 Personen, oft waren es mehr.

Einheimische wissen noch, dass der Erdbunker bis Anfang der 1960er Jahre frei zugänglich war und Kinder darin gespielt haben. Aus Sicherheitsgründen wurde er dann zugeschüttet – und vergessen. Bis der Heimatpfleger der Gemeinde vorschlug, den Bunkereingang wieder freilegen zu lassen, um dieses Kapitel der Veitsbronner Geschichte zurück ins Gedächtnis zu rufen. Da der Verein »Leader Region Landkreis Fürth« die Hälfte der Kosten von 49.000 Euro übernahm, wurde 2017 ein Teilstück ausgegraben, der Zugang mit Beton eingefasst und wetterfest gemacht.

Hinter einem Metallgitter hängt nun das Schwarz-Weiß-Foto einer Familie von damals im Gewölbe, flankiert von einem Schaukasten mit Fotos von der Eröffnungsfeier. Veitsbronns Bürgermeister Marco Kistner findet: »Wenn es gelingt, dass jeder Besucher dieses Mahnmals dadurch den Frieden, den wir hierzulande genießen, wertschätzt, dann hat dieser Ort seinen Zweck mehr als erfüllt.« Das »Denk- und Mahnmal« erhielt außen neben einer Infotafel auch eine Sitzbank, auf der man in Ruhe nachdenken kann.

Adresse An der Bachleite 21, 90587 Veitsbronn, Kontakt zum Heimat- und Geschichtsverein unter Tel. 0911/97794488 | ÖPNV S6, RE10, RB12, Haltestelle Siegelsdorf | Tipp Der Heimat- und Geschichtsverein hat nicht nur einen musealen »Heimatraum« im Umkleidegebäude des Veitsbads eingerichtet, sondern auch einen historischen Rundweg beschildert, der unter anderem hinauf zur Kirche St. Veit führt. Am Beginn der 160 Stufen langen Treppe erinnert ein Denkmal an die Veitsquelle, mit deren Wasser der heilige Veit einst Augenleiden geheilt haben soll.

101 Das Seminarhaus Deinsdorf

Fluchtpunkt im Funkloch

Wer einmal hier war, will immer, muss immer wieder kommen. Denn ein paar Tage in Deinsdorf sind die beste Medizin, die sich gestresste Stadtmenschen gönnen können. Das fängt schon damit an, dass der Handyempfang gegen null geht, wenn man sich dem stattlichen Bauernhaus nähert, das waagerecht in den Hang gesetzt wurde. Mit steilem Dach, gut vier Stockwerke hoch, vorn üppig berankt – eine Augenweide! 1992 erwarb Irene Heiß-Eppig das denkmalgeschützte Gebäude samt Anwesen. Mit fünf Gleichgesinnten aus dem Umfeld des Ökozentrums in der Nürnberger Hessestraße plante sie die Umgestaltung zum Seminarhaus. Ab 1993 liefen mehrere Workcamps für einen nachhaltigen Umbau. Und ein Trägerverein, der sich der Erdcharta-Bewegung verpflichtet fühlt, entwickelte ein Gesamtkonzept, das Achtsamkeit, Kreativität, Naturnähe, Spiritualität und gesellschaftliche Utopien in den Mittelpunkt stellt – auch beim Kursangebot.

Das besondere Flair des überregional ausstrahlenden Seminarhauses, das seit 2002 zusätzlich einen großen Raum in der umgebauten Scheune nutzen darf, erlebt man am besten jedes Jahr im August, wenn die seit Jahren von Werner Mönch und Stefan Schindler geleitete Kunstwoche stattfindet. Abends sitzen dann um die 20 Menschen, die den ganzen Tag gemalt oder geschnitzt haben, beglückt am Lagerfeuer und philosophieren über Gott und die Welt, aber auch über gelenkte Zufälle, den Sound der Spechte oder gewaltfreie Konfliktbewältigung.

Irene und Lilo, die ganzjährig in Deinsdorf wohnen und beide über 80 Jahre alt sind, machen jedes Jahr mit. Merke: Alter spielt hier keine Rolle. Und Gemeinschaft und Gemeinsinn prägen den Alltag im Seminarhaus, auch bei der Unterkunft. Ob das so bleibt, wird der anstehende Generationenwechsel zeigen. Das kreative Ausloten von Grenzen sollte aber weiter beflügelnd wirken an diesem traumhaften Fluchtpunkt im Funkloch.

Adresse Deinsdorf 2, 91249 Weigendorf, Tel. 09154/946564, www.seminarhaus-deinsdorf.de | ÖPNV S1, Haltestelle Hartmannshof | Tipp Oberhalb des Seminarhauses beginnen nach dem Wäldchen und dem bewohnten Bauwagen mehrere Wanderwege. Unterhalb lohnt sich der Besuch der Wiese, auf der mehrere Skulpturen stehen, die ehemalige Mitarbeiter(innen) zum Abschied hinterlassen haben. Neben zwei Schaukeln für alle Generationen gibt es auch eine spezielle rote Sitzbank, die jedem Rücken guttut.

102 Die Kartel-Akademie

Die Legende lebt!

Sie genießt einen ausgezeichneten Ruf, der weit über mittelfränkische Schafkopfrunden hinausstrahlt: die Kartel-Akademie in Weinzierlein. Sie wird regelmäßig herbeizitiert, wenn jemand bei diesem lustvollen Spiel mit Obern, Untern und gerufenen Assen, wahlweise in Eichel, Grün, Herz oder Schellen, einen totalen Stuss abliefert. »Du bist doch reif für Weinzierlein!«, heißt es dann barsch, und es wird dringend empfohlen, mal einen Kurs an ebendieser Kartel-Akademie im Fürther Landkreis zu belegen.

Wer dem Wink tatsächlich Folge leisten will und die Adresse einer Lehranstalt für das höhere Schafkopfwesen sucht, wird ums Verrecken nicht fündig. Seit Jahrzehnten gilt diese Einrichtung als verschollen und folglich als ein Phantom, mit dem man schreckgespenstartig drohen kann, damit sich die Kartelbrüder und -schwestern zusammenreißen. Die hartnäckige Recherche in Weinzierlein zeigt aber: Ganz aus der Luft gegriffen ist die Legende von der Kartel-Akademie nicht.

In einem früheren Gasthaus an der Uferstraße muss ein Wirt mal etwas genauer zugeschaut und hinterher ausführlich doziert haben, was besser hätte gemacht werden können. Zugleich bot er Nachhilfestunden an, um die Kartelkünste zu optimieren. Eine andere Spur führt vor Ort zum ehemaligen »Goldenen Anker«, wo Oberbesserwisser regelmäßig zu längeren Spontanvorlesungen ansetzten, was in etwas lautere Wortgefechte mündete. Das Lokal wird schon länger von einem Finanzberater genutzt. Das Thema »Reich mit Schafkopfen« steht nicht auf der Agenda.

Ungeachtet dessen, dass es im Internet eine reine Gag-Seite zur Kartel-Akademie Weinzierlein gibt und ein altes Buch von R. J. Weickmann eher in die Irre (inklusive des Dreißigjährigen Kriegs) führt, gibt es nicht weit weg von Weinzierlein in Cadolzburg schon länger Schafkopfkurse an der Volkshochschule. Wir lernen: Die Legende lebt!

Adresse Uferstraße, Neuseser Straße, 90517 Zirndorf-Weinzierlein | ÖPNV RB11, Haltestelle Zirndorf, dann Bus 151, Haltestelle Weinzierlein West | Tipp Zwischen Weinzierlein und Ammerndorf liegt an der Bibert die Kernmühle, ein Weiler aus dem 15. Jahrhundert mit Bioland-Anbau, Eventscheune und Bildungsangeboten wie Brotbackkursen (Kontakt unter Tel. 09127/57434).

103_Das Kloster-Projekt

Chorzentrum als neuer Leuchtturm

An sonnigen Tagen leuchtet die Fassade des Benediktinerklosters, dessen Ursprünge bis ins 11. Jahrhundert zurückgehen und das seit 1803 säkularisiert ist, in einem sehr kräftigen Ocker. Innen wartet der Prälatenflügel, der als einziger Trakt das Feuer von 1850 überlebt hat, auf neues Leben. 2008 wollten Neonazis darin ein Tagungszentrum einrichten. Das stieß bei den Einheimischen auf heftigen Widerstand, und mit Herbert Meier ging der Schatzmeister des Fränkischen Sängerbundes in die Offensive. Er entwickelte die Idee eines Chorzentrums für Jung und Alt. Und er gewann schnell so viele Fürsprecher, dass im Oktober 2008 der Förderverein »Chorakademie des Fränkischen Sängerbundes im Benediktinerkloster Weißenohe« gegründet wurde, verknüpft mit einem ersten Gesamtkonzept.

Es ging langsam voran, aber Ende 2013 konnte die Kloster-Immobilie erworben werden. Anfang 2017 folgte ein Architekturwettbewerb, den das Münchener Büro Hirner & Riehl für sich entschied. Zum Umbau des denkmalgeschützten Klostertraktes kommt ein neues Übernachtungshaus mit 65 Zimmern plus Freiluftbühne, Gartenanlage und ein Erweiterungsbau mit Konzertsaal hinzu. Gesamtkosten: 20,3 Millionen Euro, von denen 19 Millionen Euro durch vielerlei Zuschüsse gedeckt werden.

Wer heute den Prälatenflügel betritt, begegnet im Erdgeschoss neben Infotafeln zum Kloster dem überarbeiteten Chorzentrum-Modell des Architekturbüros. Bei einer Führung durch die drei Stockwerke spürt man das enorme Potenzial des Gebäudes, das ein »Leuchtturm« werden soll, der das Kulturpublikum anzieht. Und klar ist: Die benachbarte, seit 1827 bestehende Klosterbrauerei ist Teil des Sanierungspakets. Nachdem im Herbst 2022 die Archäologen alles unter die Lupe nahmen, kann der Umbau beginnen. Drei Jahre sind dafür veranschlagt, Ende 2025 soll Eröffnung gefeiert werden. Und der Bedarf ist groß: Erste Buchungsanfragen von Chören trafen schon ein.

Adresse Klosterstraße 20, 91367 Weißenohe, Tel. 09126/5121, www.chorzentrum-kloster-weissenohe.de | **ÖPNV** RE21, Haltestelle Weißenohe | **Tipp** In Weißenohe beginnt der zehn Kilometer lange Wanderweg zur Lillachquelle – eine schöne Runde für Klein und Groß. Hinterher kann man in der Wirtschaft der Klosterbrauerei einkehren. In den Räumen der Alten Mälzerei findet regelmäßig im Herbst die Ausstellung des Vereins »KunstRaum Weißenohe« statt – immer sehr sehenswert!

104_Das Casa de la Trova

Heimspiele im Hobbyraum

Sie waren alle da, von Martin Buchholz über Urban Priol und Nessie Tausendschön bis Sigi Zimmerschied. An den Wänden rund um die Bühne mit dem gerafften weinroten Vorhang sind all die Brettlakrobaten verewigt. Fein aufgehängt mit Foto und Notiz aus dem Gästebuch. »Wendelstein – klein, aber fein«, reimte der Schweizer Kabarettist und Liedermacher Franz Hohler anno 2000, als er mit seinem Programm »Das vegetarische Krokodil« im Casa de la Trova gastierte. Damals hatte das »Trova«, wie Insider es nennen, schon 14 Jahre auf dem Buckel und als Kleinkunstbühne ein eigenes Profil gefunden.

1986 wurde die Falken Kulturkooperative Wendelstein gegründet, mit dem Ziel, die Kultur im ländlichen Raum zu fördern. Dafür stellten Klaus und Christa Schmidt den Hobbyraum ihres Einfamilienhauses zur Verfügung, der sich schrittweise ausdehnen durfte. 70 Plätze sind aktuell um 13 Tische gruppiert, im schmucken Bistro-Anbau werden Tapas, Eintöpfe, kleine Salate, fränkisches Bier und natürlich Mojito serviert, der klassische Limetten-Rum-Cocktail aus Kuba.

Die Verbeugung vor der großen Karibikinsel manifestiert sich auch im Namen, denn ein »Casa de la Trova« bezeichnet in Havanna ein Haus des Gastes und der Kultur für wenig Geld. Mit Reisen und Einladungen von Musikgruppen pflegten die Schmidts ihre Kontakte nach Kuba. Ihr Sohn Frank Schmidt und Petra Luff lenken inzwischen die Geschicke des Vereins, der sich auf über 30 Aktive und eine professionelle Ausrüstung bei den Heimspielen im tiefer liegenden Hobbyraum verlassen kann.

Mit seinem familiären Flair ist das »Trova« in einer typischen Speckgürtelgemeinde wie Wendelstein ein wichtiger Treffpunkt. Neben Kabarett und Weltmusik gibt es auch Poetry-Slam. Und die Macher fühlen sich den anfänglichen Zielen (»Wiederbelebung der Sinne« und »aufklärender Diskurs«) durchaus verpflichtet. Das sollte allseits honoriert werden.

Adresse Zum Sportheim 13, 90530 Wendelstein, www.latrova.de | ÖPNV U1, Haltestelle Langwasser Mitte, dann Bus 610, N60, Haltestelle Wendelstein Am Kohlschlag | Öffnungszeiten bei Veranstaltungen eine Stunde vor Beginn, Bürozeiten Mo, Mi 15–17 Uhr, Infos unter Tel. 09129/3372 | Tipp Mit der Jegelscheune gibt es in Wendelstein in der Forststraße 2 einen Blues- und Jazzclub, in dem in einem Saal über einem Kindergarten seit über 30 Jahren regelmäßig Konzerte veranstaltet werden (www.jegelscheune-wendelstein.de).

105__Das Wernloch

Ziemlich spooky

Um das Wernloch kann man auch einen Bogen machen. Und das sollten Menschen tun, die zartbesaitet und albtraumgefährdet sind. Wer dagegen eher furchtlos auf spooky Pfaden wandelt, ist im Waldstück am nordwestlichen Rand von Wendelstein gut aufgehoben. Handelt es sich doch um einen großen ehemaligen Steinbruch, in dem seit dem frühen Mittelalter bis zum Ende des Zweiten Weltkriegs Sandstein abgebaut wurde.

Insbesondere der durch Eisenoxid rötlich gefärbte Burgsandstein aus dem Wernloch ist bis heute gerade in Nürnberg an prominenten Stellen präsent. Die Gemäuer von Sebalduskirche, Opernhaus, Justizpalast und Künstlerhaus bestehen daraus. Noch weiter verbreitet ist der sehr harte grau-gelbliche Sandstein, der lange für Mühlen, Türme, Stadtmauern oder als Straßenpflaster Verwendung fand. Dieser »Wendelsteiner Quarzit« wurde über Altmühl und Donau bis nach Ungarn und in die Türkei exportiert.

Abgesehen von ein paar steilen Abbruchkanten, die Hobbykletterer anlocken, sind die Wunden der Steinbruchzeit längst verheilt. Die Natur hat sich die Felsen zurückerobert. Sie sind von Moosen umwuchert und mit dichtem Wurzelwerk von Bäumen verwoben. Die Gruben haben sich mit Wasser gefüllt, vielerlei Kröten, Frösche und Fische sind heimisch geworden. Wer eine blühende Phantasie besitzt, wird geisterhafte Wesen im Unterholz erahnen, seltsame Geschöpfe glucksen hören und orakeln, dass in einem der länglichen Himmelsteiche, die allein von Regenwasser gespeist werden, ein Nessie-Verschnitt herumspukt.

Selbst an helllichten Sommertagen ist es im Wernloch finster – ein »Lost Place« der märchenhaften Art. Er zieht Mountainbiker an und besitzt ein verzweigtes Wegenetz, in dem man sich verirren kann. Also besser auf einer markierten Route bleiben – auf dem Jakobsweg oder dem Dr.-Richard-Sauber-Weg, der via Gelbstrich zum Steinbrüchlein führt.

Adresse Parkplatz am Ende des Treidelswegs, 90530 Wendelstein | ÖPNV Bus 610, Haltestelle Wendelstein Sperbersloher Straße | Tipp Rund 500 Meter entfernt befindet sich der alte Ludwigskanal, bei dem auch Quarzit-Steine aus dem Wernloch verbaut wurden. Hier gibt es keine verschlungenen Pfade, vielmehr führt der Weg meistens geradeaus.

106 Der Knabenchor

Singen mit Blick ins Grüne

Regensburg hat die Domspatzen, Leipzig die Thomaner, Dresden den Kreuzchor und Windsbach den Windsbacher Knabenchor. 1946 wurde er als eine Anstalt der Evangelisch-Lutherischen Kirche in Bayern gegründet. Obwohl sie ein paar Jahrhunderte jünger sind als die vorher Genannten, singen die Windsbacher längst in der ersten Liga der Knabenchöre. Mit geistlicher Musik von der Renaissance bis zur Moderne sind sie schon in Japan, China, Nord- und Südamerika, Israel, Australien, Taiwan, Singapur und im Vatikan aufgetreten. So etwas nennt man Aushängeschild.

Das Gelände der »Windsbacher« erstreckt sich eingangs der 6.000-Einwohner-Stadt linker Hand an einem Hang. Vorbei an Fußball-, Streetball- und Volleyballfeldern tauchen nach diversen Graffiti die weinroten Internatsgebäude auf. »Singet dem Herrn ein neues Lied« steht an einer Hauswand, eine Verbeugung vor dem Psalm 96 und Johann Sebastian Bachs Kantate.

Die 9 bis 19 Jahre alten Chorknaben sind in drei Altersklassen aufgeteilt. Vor dem Glasbau mit der Mensa öffnet sich ein abgestuftes Halbrund, das zum Hinsetzen einlädt. Vis-à-vis vom Altbau mit dem Betsaal liegt das Gebäude mit den Räumen für die Gesangsarbeit. Das Herzstück ist der große, weit geschwungene Probensaal für bis zu 150 Sänger. Vorne stehen mittig Flügel und Orgel, hinten bietet die Glasfront eine herrliche Sicht ins Grüne. 2018 wurde der Komplex renoviert und mit Anbauten versehen. Ein stahlblauer Rahmen umgibt nun die gläserne Eingangstür.

Coronabeschränkungen haben die Windsbacher wie alle Chöre stark eingeschränkt, das ist nun vorbei. Seit September 2022 befindet sich der Knabenchor mit Ludwig Böhme als aktuellem Künstlerischen Leiter auf dem Sprung zu neuen Höhenflügen. Mehr als 1.500 Jungen haben in 77 Jahren eine Gesangsausbildung erfahren, über 75 Konzerte stehen pro Jahr an, inklusive des traditionellen »Kartoffelsingens« als Dankeschön in Immeldorf.

Adresse Heinrich-Brandt-Straße 18, 91575 Windsbach, Tel. 09871/708-200, www.windsbacher-knabenchor.de | **ÖPNV** S4, Haltestelle Wicklesgreuth, dann RB91, Haltestelle Windsbach | **Tipp** Seit 1956 tritt der Windsbacher Knabenchor sechs- bis achtmal im Jahr freitags um 19 Uhr in der Reihe »Motetten« in der Nürnberger Lorenzkirche auf. Dabei erklingen Werke aus sämtlichen Epochen a cappella im Rahmen eines besonderen Gottesdienstes, inklusive eines Windsbacher Psalms und Orgelmusik.

107__Das Waldstrandbad

Sprung in die Zukunft

Als in den 1920er Jahren erstmals eine Freizeitwelle übers Land schwappte, wollte Windsbach die Nürnberger und Fürther aufs Land locken. Doch wie? Beim Fußball waren Club und Kleeblatt meilenweit voraus, die Altstadt war im Vergleich mickrig. Etwas Einmaliges musste her. So entstand die Idee für ein XXL-Freibad mit einem 100 Meter langen Schwimmbecken, das nah am Wald sein und Strand-Flair haben sollte.

Es dauerte noch bis 1938, bis das mit dem Wasser des nahen Schwalbachs gespeiste Waldstrandbad im Ortsteil Retzendorf fertig war – nach nur fünf Monaten Bauzeit. Architektonische Akzente setzte das lang gezogene Umkleidegebäude aus dunklem Holz, das schon 1951 erweitert wurde. Alte Schwarz-Weiß-Fotos dokumentieren die Popularität des Freibads: Klein und Groß tummelten sich eng beisammen in den Fluten, im Nichtschwimmerbecken zog die steile Elefantenrutsche, die es bis heute gibt, die Wasserratten an.

Als der Zahn der Zeit unerbittlich am Waldstrandbad nagte, beschloss die Stadt Windsbach im Jahr 2017 die umfassende Modernisierung mit Erhalt des denkmalgeschützten Umkleidetrakts für 4,8 Millionen Euro. Die Kinder bekamen Piratenschiff, Wasserspielplatz und Sandstrand spendiert, der neue Eingangsbereich brachte zeitgemäße Toiletten und einen Kiosk mit sich, vor dem man bei Kaffee oder Pizza das Treiben im Wasser gut beobachten kann.

Neben dem neuen Sprungturm, einer breiten Wellenrutsche und ellenlangen Holzstegen kam eine ausgeklügelte natürliche Wasserreinigung hinzu. Mit ihr und reichlich Schattenspendern, Spielfeldern und einem Zeltdorf hat das Waldstrandbad den Sprung in die Zukunft geschafft. Das Vorzeigestück bleibt das 100 Meter lange und 60 Meter breite Schwimmbecken mit dem auffallend weichen Wasser, durch das man wunderbar gleiten kann. Da freut sich jede Pore der Haut. 40.000 Gäste kamen in der Saison 2022 – auch aus Nürnberg und Fürth.

Adresse Retzendorf 22, 91575 Windsbach, www.waldstrandbad-windsbach.de | **ÖPNV** S4, Haltestelle Heilsbronn, dann Bus 712, Haltestelle Windsbach Volksschule, von dort zu Fuß | **Öffnungszeiten** Mai–Sept. Di–So 9–20 Uhr | **Tipp** Oberhalb des Waldstrandbads wurde ein Wohnmobil-Parkplatz mit 30 Stellplätzen angelegt, unterhalb kam ein großzügiger Spielplatz dazu.

108 Der Aussichtsturm der Alten Veste

169 Stufen nach oben

Er ist nicht der erste Turm, der im südlichen Stadtwald in den Himmel ragt. Schon im 13. Jahrhundert gab es an der Spitze des damals noch kahlen Rosenbergs eine Burg mit Turm, Turmhügelburg genannt. 1306 wurde sie an die Nürnberger Burggrafschaft verkauft, 82 Jahre später zerstörten die Nürnberger die Wehranlagen im Städtekrieg. Historische Bedeutung bekam die Alte Veste im Dreißigjährigen Krieg, als sie im September 1632 Schauplatz einer Schlacht zwischen dem kaiserlichen Herr von Wallenstein und den Truppen von Schwedenkönig Gustav Adolf wurde, die ergebnislos endete.

200 Jahre später bildete der Jahrestag der Schlacht den Anlass für den Bau eines neuen Turms. Nach der Grundsteinlegung im September 1832 konnte das Projekt erst nach der Gründung einer Aktiengesellschaft finanziert und 1839 vollendet werden. Der Aussichtsturm mit Blick über Nürnberg und Fürth bis Erlangen und ins gesamte Umland war eine Freizeitattraktion, von der besonders das seit 1807 bestehende Ausflugslokal Alte Veste profitierte.

Während des Zweiten Weltkriegs kam es erneut zur militärischen Nutzung des Bereichs rund um den Turm. Unterhalb der Burgruine bauten die Nazis Gewölbe, in denen Flugzeugmotoren gelagert und veredelt wurden. Kurz vor Kriegsende sprengten sie die gesamte Anlage. Erst 1979 schmiedete man Pläne für einen neuen Turm, dessen Bau vor allem dank zahlreicher Spenden realisiert wurde.

1980, wie groß über dem Eingang steht, öffnete sich am 17. September die Tür zum 28 Meter hohen Aussichtsturm. 169 Stufen führen im viereckigen Sandsteinbau nach oben, wo man mit einem traumhaften Panoramablick belohnt wird. Besondere Stunden winken an klaren Tagen und an Heiligabend, wenn nachmittags ein Blechbläser-Ensemble Weihnachtslieder spielt. Ganz oben, versteht sich.

Adresse Alte Veste 2, 90513 Zirndorf (Abzweigung ab der Fürther Straße beschildert) | ÖPNV RB11 und Bus 112, Haltestelle Alte Veste | Öffnungszeiten April–Okt. täglich 8–20 Uhr, Nov.–März täglich 8–18 Uhr | Tipp Rund um den Aussichtsturm gibt es im Stadtwald ein dichtes Netz an Wanderwegen, Joggingstrecken und Fahrradtrails. Und bei Weiherhof befindet sich ein Klettergarten mit verschiedenen Hochseilebenen, der von April bis Ende Oktober geöffnet ist (Fr 13–18 Uhr, Sa, So 10–18 Uhr, für Gruppen nach Vereinbarung unter Tel. 0931/29699710).

109 Das Jahn-Grabmal

Ein Werk des Stararchitekten

Es war tragisch und eine Ohrfeige für den Stararchitekten Helmut Jahn, der am 4. Januar 1940 in Zirndorf als Sohn eines Sonderschullehrers aus Nürnberg geboren wurde. 1966 wanderte er in die USA aus und wurde in Chicago mit dem Büro Murphy/Jahn berühmt. Weltweit entwarf er Hochhäuser, was ihm den Spitznamen »Turmvater Jahn« einbrachte. Anfang der 1990er Jahre schien die Zeit reif, um sich in seiner mittelfränkischen Heimat mit dem kühnen Entwurf eines Einkaufstempels neben dem Hauptmarkt ein Denkmal zu setzen. Nach der Anfangseuphorie drehte sich der Wind. Am Ende brachte ein Bürgerentscheid im März 1996 das Aus.

Enttäuscht rechnete er mit den »Kleingeistern« ab, baute anderswo viele Wolkenkratzer und Flughäfen, zum Beispiel in München. In seine alte Heimat kam er noch mal 2013, als eine Werkschau im Neuen Museum lief, die auch seinen Augustinerhof-Entwurf zeigte. Damals schien es, als ob es rund um Nürnberg kein Zeugnis von Jahns Schaffenskraft gäbe. Doch weit gefehlt: Eine dicke Jahn-Biografie beweist auf Seite 580: Auf dem Waldfriedhof von Zirndorf steht ein Grabmal, das Helmut Jahn 1984 nach dem Tod seines Vaters entworfen hat.

Es ist 1,82 Meter hoch und 1,50 Meter breit, besteht aus schwarzgrauem, blank geschliffenem Granit, hat zwei Säulen und ein Kapitell. Hinten sind aktuell die Namen von zwei verstorbenen Familienangehörigen zu lesen. Obwohl das Grabmal nicht der Norm des Waldfriedhofs entsprach, erteilten die Behörden ohne Zögern eine Ausnahmegenehmigung. Und im Gegensatz zum Augustinerhof-Projekt folgten keine Beschwerden seitens der Bevölkerung.

Im Oktober 2023 läuft die Bindung für das Jahn-Grabmal aus. In Zirndorf rechnet man aber damit, dass es erneut um zehn Jahre verlängert wird. Der Stararchitekt kann das selbst nicht mehr tun, er starb im Mai 2021 bei einem Fahrradunfall in der Nähe von Chicago. Er hatte ein Stoppschild übersehen. Tragisch.

Adresse Weiherhofer Weg 1, 90513 Zirndorf, Tel. 0911/9600118 | **ÖPNV** Bus 150, Haltestelle Zirndorf Waldfriedhof | **Öffnungszeiten** 8.30–18 Uhr | **Tipp** Die Kneipp-Allee zwischen Weiherhof und Zirndorf ist ein schönes Beispiel für gelungene Verkehrsberuhigung. Radler, Jogger, Walker und Spaziergänger haben Vorrang, am Waldrand gibt es am Achternplätzchen einen liebevoll gestalteten Spielplatz für Kinder von zwei bis zwölf Jahren, und die 130 Jahre alten Eichen sind ein geschütztes Naturdenkmal.

110_Das Piratenschiff

Spielzeugwelt in Lebensgröße

Der Film »Fluch der Karibik« hat Piraten und ihre Schiffe zum Kult gemacht. Drei Jahre bevor Captain Jack Sparrow alias Johnny Depp 2003 erstmals als Oberpirat mit der »Black Pearl« die Leinwand erklomm, lag im Playmobil FunPark allerdings schon ein Piratenschiff vor Anker. Bei der Zirndorfer Attraktion ging anfangs auch mal jemand über Bord, Wechselwäsche war Pflicht. Da Freizeitparks aber schnell in die Jahre kommen, modelte der Hersteller der grinsenden Plastikfiguren seine Piratenwelt Ende 2018 um.

Seit Juni 2019 liegt nun ein 25 Meter langes, 5,8 Meter breites und 13 Meter hohes Piratenschiff vor Anker. Noch größer, greller und sicherer als der Vorgänger, gefertigt aus Robinienholz und 30 Tonnen schwer, wobei allein die 65.000 Schrauben eine Tonne wiegen. Neu hinzu kamen ein acht Meter hohes, rollstuhlgerechtes Schiffswrack sowie zehn Flöße und drei Ziehflöße, die den Wasserspaß anheizen. Und da im großen Piratenschiff auf vier, fünf Ebenen diverse Nischen, Schatztruhen, Kanonen und Ausgucke zu entdecken sind, kommt es häufiger vor, dass Familien ihren Besuch weitgehend rund um den Piratensee verbringen.

Der Zirndorfer Freizeitpark bietet auf rund 90.000 Quadratmetern gut 20 Stationen, an denen kleine Spielzeugwelten in Lebensgröße erscheinen. Ritterburg, Feenwelt, Bauernhof und Westernstadt gehören ebenso dazu wie die Arche Noah, die Polizeistation, der Gokart-Parcours und der Wasservogelteich mit pfiffigen Tretbooten. Für jeden ist etwas dabei – und wem die Miniaturgröße lieber ist, der kann in der großen Halle munter mit Playmobil spielen.

Die landschaftlich schön gestaltete Kinderspielwelt ist an Montagen wegen des Gratiseintritts für die Generation »60 plus« regelmäßig Ziel vieler Oma-Opa-Enkel-Ausflüge. Falls es den Großen doch mal langweilig werden sollte, winkt am Rand eine Runde Golf. Damit können vor allem Papas ihren Spieltrieb ausleben und ihr Handicap verbessern.

Adresse Brandstätterstraße 2–10, 90513 Zirndorf, www.playmobil-funpark.de | ÖPNV Bus 151, Haltestelle Playmobil-Funpark | Öffnungszeiten Ende März–Anfang Nov. täglich 9–19 Uhr, FunPark-Shop fast ganzjährig, Klettergarten und Halle zeitweise, aktuelle Infos auf der Website | Tipp Mit dem Bibert Bad gibt es in der Neptunstraße 8 ein Frei- und Hallenbad mit Sauna, das bei Familien sehr beliebt ist. Offen ist allerdings, ob die künstliche Eisbahn eine Zukunft hat.

111_Die Sonnenblumenallee

Blühende Lichtblicke

Etwas versteckt liegt das Feld neben der Weinbergstraße am Rand des Wasserschutzgebiets im Rednitztal. Im Winter ähnelt es einem großen braunen Handtuch, doch mit dem Frühling ändert sich das Bild. Wenn langsam das erste Grün aus der Erde spitzt, bekommt die grünliche Tonne, die drei Wanderzeichen zieren und die ständig mit neuen Aufschriften wie »Ghost« versehen wird, die alljährliche große Tafel verpasst, auf der »Blumen zum Selberschneiden« steht.

Als Erstes sind die Gladiolen in unterschiedlichen Farben und Größen an der Reihe. Für 60 Cent das Stück im Jahr 2022. Alle Jahre wieder dauert es ein bisschen, bis die ersten Radler und Wanderer, die hier an schönen Tagen en masse vorbeikommen, mit dem Taschenmesser ans Werk gehen und danach die Münzen in die stabile Metallbüchse werfen.

Die irgendwann abgeblühten Gladiolen sind aber nicht viel mehr als das Vorspiel für das Spektakel im Spätsommer. Es ist immer wieder faszinierend zu sehen, wie die Stängel mit den großen gelben Blüten unaufhaltsam nach oben wachsen. Dann wird das Feld im Zirndorf-Fürther Grenzgebiet zu einer einzigen Sonnenblumenallee, ein erhebender Lichtblick.

Eigentlich müsste man dann täglich vorbeijoggen, um das natürliche Schauspiel zu beobachten, wenn sich die dicht gedrängten Blüten vormittags öffnen, permanent nach dem Sonnenstand richten und abends wieder schließen. Traumhaft.

Keine Ahnung, wie die Bauersfamilie das macht, aber zwei Meter hoch werden alle, viele sogar zweieinhalb bis drei Meter. Mit 50 Cent ist man dabei, fünf Blütenstiele kosten 1 Euro. Auch wenn man sich zuerst noch zurückhält, irgendwann muss man zugreifen, sonst verpasst man den richtigen Zeitpunkt, um die tollen Blüten noch geraume Zeit daheim in der großen Vase genießen zu können. Traurig wird es, wenn Ende Oktober alle die Köpfe hängen lassen. Dann bleibt nur die Vorfreude aufs nächste Jahr.

Adresse Weinbergstraße, Höhe 90513 Zirndorf | ÖPNV Bus 178, Haltestelle Dambach Vestner Weg | Tipp In der Zirndorfer Altstadt gibt es jede Menge Gaststätten, die witzige Brunnenskulptur am Marktplatz mit Plätzen zum Sitzen drum herum und den schmalen Wasserlauf, der sich durch den Ort schlängelt. Sehr stimmungsvoll an lauen Abenden.

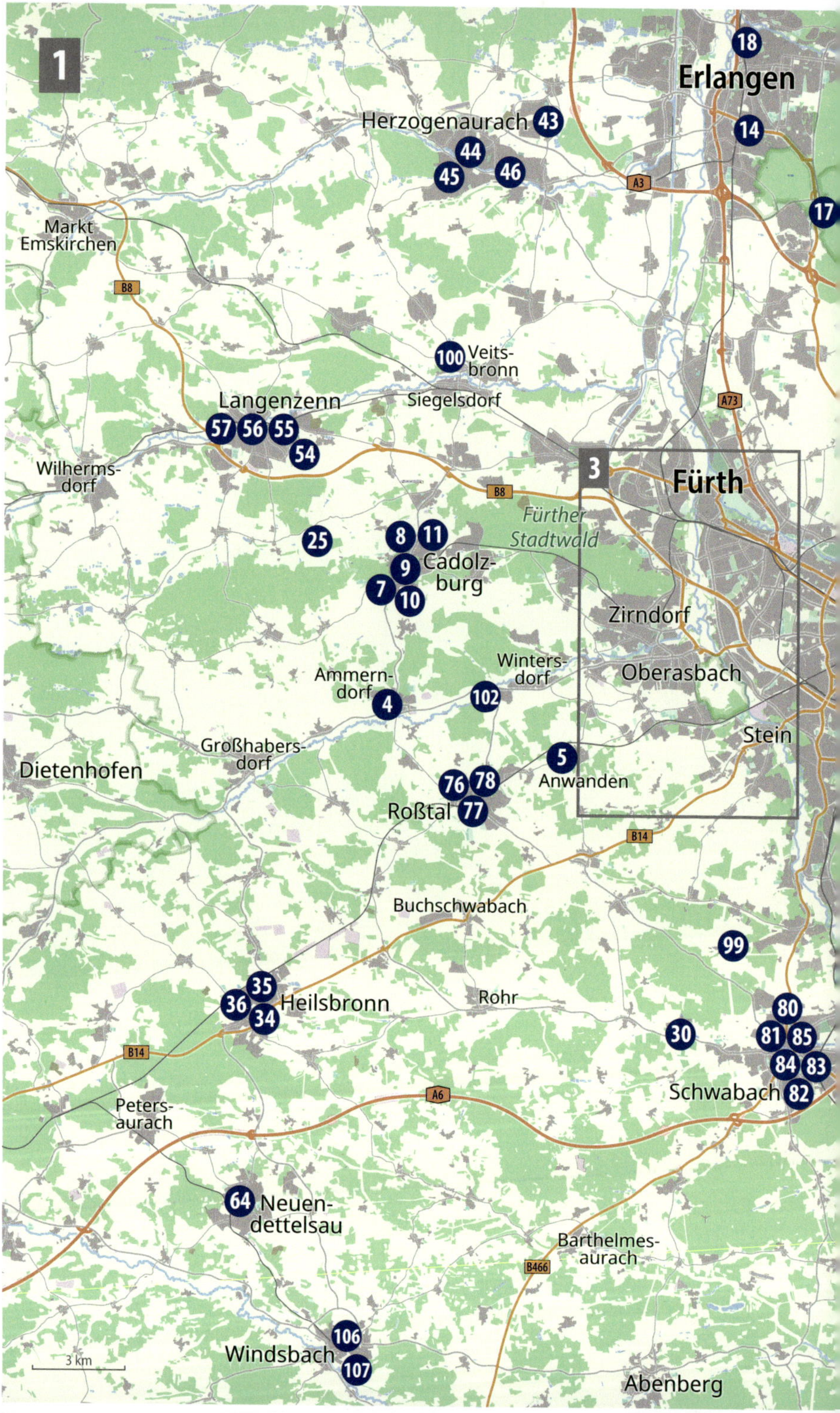
1
Erlangen
18
14
17
Herzogenaurach
43
44
45
46
A3
Markt Emskirchen
B8
100 Veits-bronn
Siegelsdorf
A73
Langenzenn
57
56
55
54
Wilherms-dorf
3
Fürth
B8
Fürther Stadtwald
25
8
11
9 Cadolz-burg
7
10
Zirndorf
Winters-dorf
Oberasbach
Ammern-dorf
4
102
Stein
5
Anwanden
Großhabers-dorf
Dietenhofen
76
78
Roßtal
77
B14
Buchschwabach
99
35
36
Heilsbronn
34
Rohr
80
30
81
85
84
83
B14
Schwabach
82
A6
Peters-aurach
64 Neuen-dettelsau
Barthelmes-aurach
B466
106
Windsbach
107
3 km
Abenberg

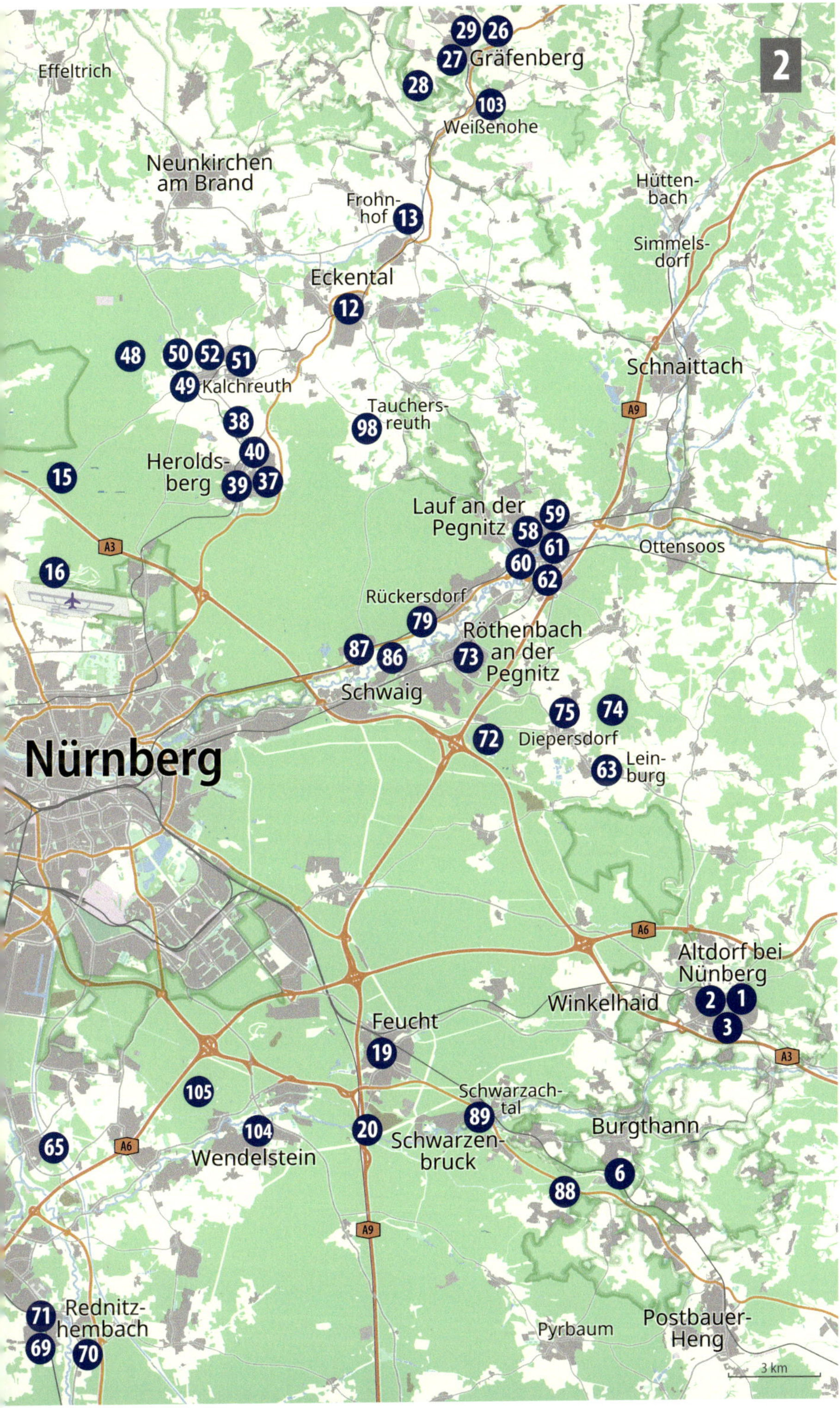

2
Effeltrich
29
26
27
Gräfenberg
28
103
Weißenohe
Neunkirchen am Brand
Frohnhof
13
Hüttenbach
Simmelsdorf
Eckental
12
48
50
52
51
49
Kalchreuth
Schnaittach
A9
Tauchersreuth
98
38
40
Heroldsberg
39
37
15
Lauf an der Pegnitz
59
58
61
Ottensoos
A3
16
60
62
Rückersdorf
79
Röthenbach an der Pegnitz
87
86
73
Schwaig
75
74
72
Diepersdorf
Nürnberg
63
Leinburg
A6
Altdorf bei Nünberg
Winkelhaid
2
1
3
A3
Feucht
19
Schwarzachtal
105
89
104
20
Burgthann
65
A6
Wendelstein
Schwarzenbruck
6
88
A9
71
Rednitzhembach
69
70
Pyrbaum
Postbauer-Heng
3 km

3
Schwand
Poppenreuth
22
Hardhöhe
Altstadt
21
Espan
Pegnitz
Innenstadt
A73
Fürth
Oberfürberg
Unterfürberg
23
24
Heilstätten-
siedlung
Westvorstadt
Südstadt
Dambach
Fürther
Stadtwald
Eschenau
Leyh
G108
110
108
Main-Donau-Kanal
Höfen
Zirndorf
Weikershof
111
Kleinreuth
bei Schweinau
66
67
Großreuth
bei Schweinau
Bibert
Altenberg
Nürnberg
109
Linder
Siedlung
Oberasbach
Rednitz
Gebersdorf
Kreutles
Hainberg
Unterasbach
90
Stein
93
92
Petershöhe
Unterweihersbuch
97
Oberweihersbuch
Deutenbach
91
96
95
94
3 km

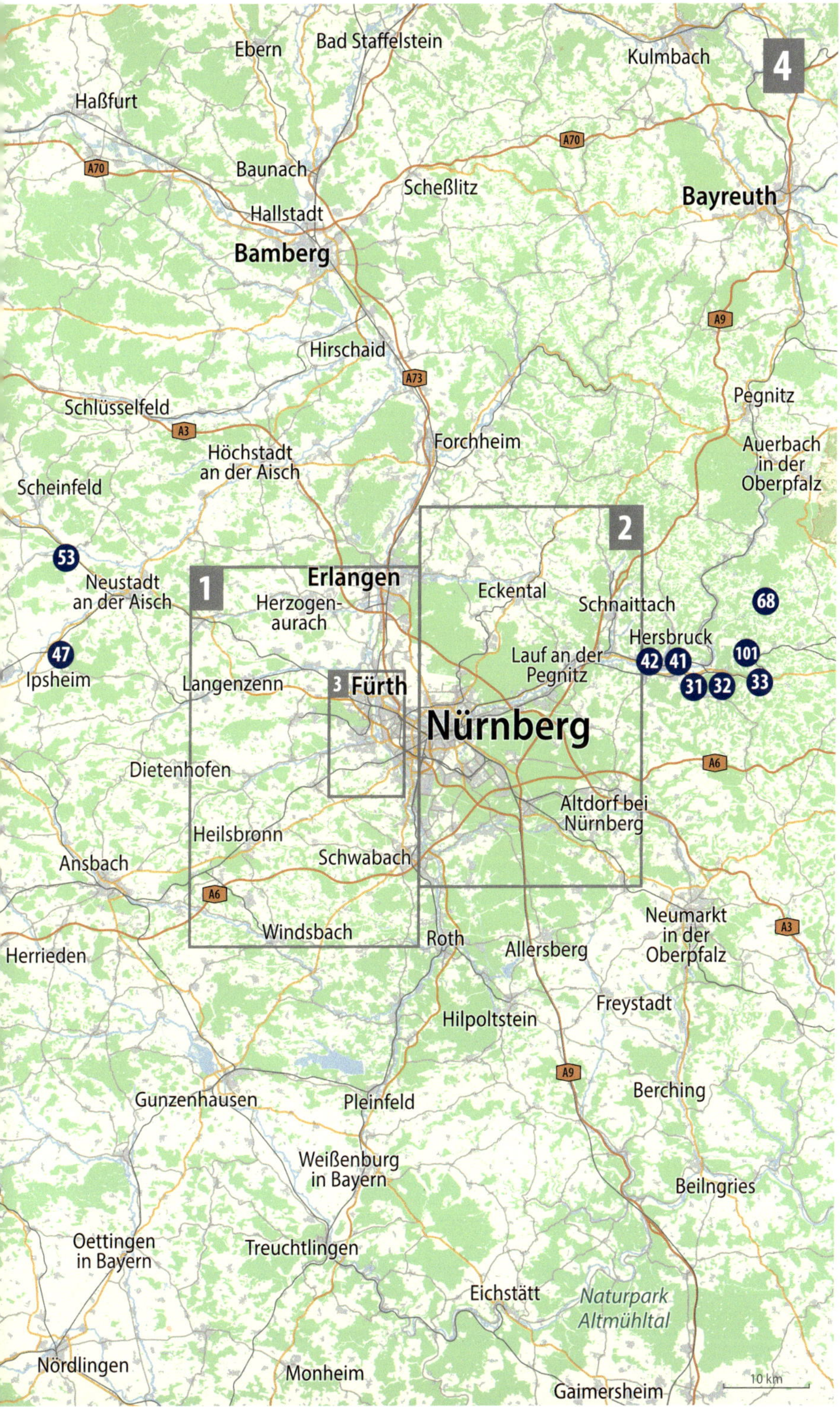
4
Ebern
Bad Staffelstein
Kulmbach
Haßfurt
A70
A70
Baunach
Scheßlitz
Bayreuth
Hallstadt
Bamberg
A9
Hirschaid
A73
Schlüsselfeld
A3
Pegnitz
Höchstadt
an der Aisch
Forchheim
Auerbach
in der
Oberpfalz
Scheinfeld
2
53
Neustadt
an der Aisch
1
Erlangen
Herzogen-
aurach
Eckental
Schnaittach
68
Hersbruck
47
Ipsheim
Lauf an der
Pegnitz
42
41
101
Langenzenn
3
Fürth
31
32
33
Nürnberg
A6
Dietenhofen
Altdorf bei
Nürnberg
Heilsbronn
Ansbach
Schwabach
A6
Neumarkt
in der
Oberpfalz
A3
Windsbach
Herrieden
Roth
Allersberg
Freystadt
Hilpoltstein
A9
Berching
Gunzenhausen
Pleinfeld
Weißenburg
in Bayern
Beilngries
Oettingen
in Bayern
Treuchtlingen
Eichstätt
Naturpark
Altmühltal
Nördlingen
Monheim
Gaimersheim
10 km

Dietmar Bruckner, Jo Seuß
111 Orte in Nürnberg, die man gesehen haben muss
ISBN 978-3-7408-1019-1

Fabian Brand
111 Orte in Oberfranken, die man gesehen haben muss
ISBN 978-3-7408-0992-8

Harry Luck, Norbert Jung
111 Orte im und am Bamberger Dom, die man gesehen haben muss
ISBN 978-3-7408-1746-6

Kerstin Söder
111 Orte im Fränkischen Seenland, die man gesehen haben muss
ISBN 978-3-7408-1072-6

Leonhard F. Seidl
111 Orte in der Frankenhöhe, die man gesehen haben muss
ISBN 978-3-7408-1230-0

Ranka Keser
111 Orte in der Hallertau, die man gesehen haben muss
ISBN 978-3-7408-1379-6

Bernd Schinner
111 Orte im Fichtelgebirge, die man gesehen haben muss
ISBN 978-3-7408-0741-2

Sonja Silberhorn
111 Lost Places in der Oberpfalz, die man gesehen haben muss
ISBN 978-3-7408-1957-6

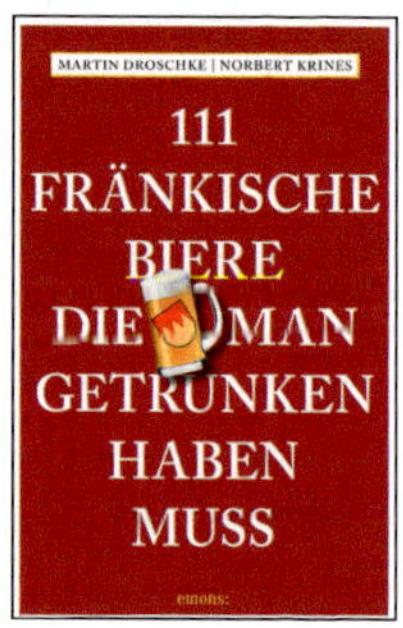

Martin Droschke, Norbert Krines
111 Fränkische Biere, die man getrunken haben muss
ISBN 978-3-7408-1835-7

Martin Droschke
111 Kirchen in der Oberpfalz, die man gesehen haben muss
ISBN 978-3-7408-1629-2

Marko Roeske
111 Orte im Bayerischen Wald, die man gesehen haben muss
ISBN 978-3-7408-1690-2

Michael Horling
111 Orte in und um Schweinfurt, die man gesehen haben muss
ISBN 978-3-7408-1302-4

Astrid Süßmuth
111 Almen und Hütten in Oberbayern, die man gesehen haben muss
ISBN 978-3-7408-1751-0

Jochen Reiss
111 Orte im Fünfseenland, die man gesehen haben muss
ISBN 978-3-7408-1777-0

Evelyn Pschak von Rebay
111 Mal sauguad essen in München
ISBN 978-3-7408-1354-3

Martin Droschke
111 Kirchen in Franken, die man gesehen haben muss
ISBN 978-3-7408-1468-7

Jo Seuß
111 Orte in Fürth & Erlangen, die man gesehen haben muss
ISBN 978-3-7408-0724-5

Sonja Silberhorn
111 Orte in und um Amberg, die man gesehen haben muss
ISBN 978-3-7408-1463-2

Dankeschön

Der Autor bedankt sich bei allen Menschen, die ihn bei diesem Buch unterstützt, inspiriert und begleitet haben – und persönlich bei seiner Frau Andrea, bei Susann W. und Selin S., Marion und Georg C., Katrin und Klaus L., Andreas S., Uli F., Klaus N., Claudia Bl., Ludwig H., Heinrich H., Hans-Joachim W., Hans T., Hans B., Wolfgang H., Günther D., Herbert M., Monika B., Christine Z., Jelena T., Holger P. sowie bei der Lektorin Julia Lorenzer und der Projektleiterin Sonja Erdmann vom Emons Verlag für die Geduld und die vertrauensvolle Zusammenarbeit. Es war ganz schön viel Arbeit und Fahrerei. Deshalb noch eine Verbeugung vor dem alten Fiat Multipla und dem Wiener Vello-Faltrad, die bei den Touren ebenso pannenfrei blieben wie die Lumix-Kamera.
Jo Seuß
#seuss.jo bei instagram

Jo Seuß, 1960 in Dillingen/Donau geboren, lebt seit 1967 im Nürnberger Großraum und seit 2003 in Fürth. Der Journalist war über 30 Jahre Redakteur bei den »Nürnberger Nachrichten« und arbeitet seit Herbst 2020 als selbstständiger Autor unter anderem für die »taz« und den Bayerischen Rundfunk. Seit Ende 2021 führt er den Verlag Edition ElfzuEins, in dem 2022 das Fahrradbuch »REINTRETEN!« erschien. Für den Emons Verlag war er als Autor bereits für die Bücher »111 Orte in Fürth und Erlangen, die man gesehen haben muss« und »111 Orte in Nürnberg, die man gesehen haben muss« tätig.